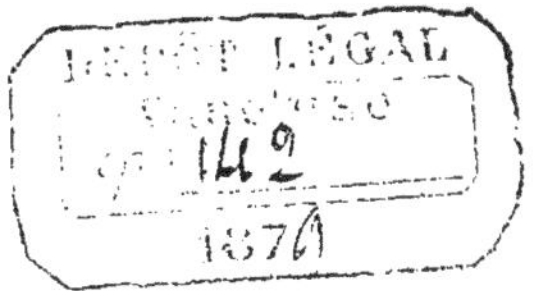

# DES VICES DE LA VOLONTÉ

## DANS LE CONTRAT

### En Droit Romain et en Droit Français.

———

## THÈSE POUR LE DOCTORAT

SOUTENUE DEVANT LA FACULTÉ DE DROIT D'AIX

PAR

## MICHEL JOUVE

Lauréat de la Faculté de Droit d'Aix

AVOCAT A LA COUR D'APPEL

« La philosophie travaille à épurer les lois par
» la morale, source première des lois. »
PORTALIS. — *De l'usage et de l'abus de l'esprit
philosophique.*

CAVAILLON

IMPRIMERIE L. GRIVOT - PROYET, SUCCESSEUR L. MISTRAL

1879

# DES VICES DE LA VOLONTÉ

## DANS LE CONTRAT

# DES VICES DE LA VOLONTÉ

## DANS LE CONTRAT

### En Droit Romain et en Droit Français.

————— ❦ —————

## THÈSE POUR LE DOCTORAT

SOUTENUE DEVANT LA FACULTÉ DE DROIT D'AIX

PAR

## MICHEL JOUVE

Lauréat de la Faculté de Droit d'Aix

AVOCAT A LA COUR D'APPEL

« La philosophie travaille à épurer les lois par
» la morale, source première des lois. »
PORTALIS. — *De l'usage et de l'abus de l'esprit
philosophique.*

————— ❧ —————

## CAVAILLON

IMPRIMERIE L. GRIVOT - PROYET, SUCCESSEUR L. MISTRAL

——

1879

A mon ami Alfred GASSIER

# INTRODUCTION



1. La connaissance des phénomènes ou faits juridiques suppose une double notion : la notion de leur être intérieur, de leurs éléments d'existence intrinsèque; la notion des éléments de leur manifestation extérieure. Le langage scientifique classe ces deux séries d'éléments sous les noms de *conditions de fond, conditions de forme*.

La thèse que nous entreprenons porte sur la première des conditions de fond de tous les faits juridiques. Ces phénomènes sont en effet un produit de l'activité de l'âme humaine. Se marier, acquérir, transmettre, s'obliger, délinquer, autant d'actes qui ont leur origine dans notre attribution morale d'agir et que la loi positive règlemente. Or l'âme humaine exerce son activité sous l'impulsion de la volonté. Cette faculté est donc la source des actes juridiques, elle est leur condition initiale.

La volonté est elle-même causée par des motifs ou mobiles que fournissent soit l'intelligence, soit la sensibilité. Partant, tout ce qui altérera celles-ci influera sur lavolition. Cette influence que les philosophes ont analysée et déterminée, les jurisconsultes en ont tenu compte. Ils ont reconnu qu'elle devait modifier l'effet normal de la volonté en droit.

II. Les causes perturbatrices du vouloir admises par la plupart des législations sont de deux sortes : les unes proviennent de l'âge, du sexe, de la perversion morale, de la folie. Chez les personnes qui en sont atteintes, la sensibilité ou l'intelligence ne sont point présumées capables de donner à la volonté des motifs sains. Ces personnes sont désignées sous le nom d'*incapables*. Il y a chez elles un vice général et permanent qui poursuit partout leur volonté. Vice artificiel souvent. La précocité de la raison du mineur, la force morale de la femme, le repentir du condamné démentent, bien des fois, la présomption d'incapacité attachée à leurs déterminations.

D'autres influences vicieuses sont temporaires, elles affectent le vouloir dans des circonstances spéciales et le troublent quant à l'acte à l'occasion duquel elles se sont produites. Ce sont les *vices de volonté* proprement dits, les vices de consentement énumérés par le législateur : l'erreur, le dol, la violence, selon les lois romaines et françaises comprises dans notre étude. Au point de vue philosophique nous les définirons des motifs de volonté défectueux. L'erreur réside en effet dans le jugement ou le raisonnement qui sont des opérations de l'intelligence; l'erreur résultant du dol a son siège dans les mêmes actes intellectuels; et quant à la crainte soulevée par la violence elle touche la sensibilité. Sous l'action de l'intelligence errante ou de la sensibilité blessée, la volonté de l'homme prend des décisions qui ne sont plus une émanation de la raison pure et éclairée, calme et libre; elle n'a plus pour motif que l'erreur, pour mobile que la crainte. Une loi sage ne devait pas manquer de prévoir ces affaissements de la base même des actes juridiques.

On pourrait commencer l'explication rationnelle d'une législation par l'analyse du fait juridique, et prenant d'abord la volonté son premier élément, étudier en elle les deux théories de l'incapacité et du vice de volonté. C'est une partie de cette seconde théorie qui sera l'objet de notre étude.

III. La volonté a en droit deux espèces de manifestations : dans les unes elle se produit d'une manière que j'appellerai *bilatérale*, elle vient se joindre à une autre volonté. Il y a alors ce qu'on nommait à Rome le « concursus in idem placitum duorum pluriumve, » il y a la convention ou accord de volontés. Cette manière se subdivise elle-même en deux autres. Car, tantôt les intentions s'accorderont pour produire une obligation, et alors la convention prend le nom propre de contrat « transeat in proprium nomen contractûs; » tantôt elles s'accorderont en dehors de l'idée d'obligation, et alors il n'y a que des conventions simples caractérisées par leurs objets différents : extinction d'obligations, transfert de droits réels, etc., etc. La volonté dans cette première catégorie de ses manifestations reçoit la dénomination spéciale de *consentement*, qui exprime son existence parallèle à une autre volonté.

Dans une seconde catégorie de manifestations, la volonté se produit d'une manière que j'appellerai *unilatérale*, elle n'existe que chez une seule personne. Ainsi j'ai résolu d'occuper une *res nullius*, de construire sur le fonds d'autrui, de tester, de gérer l'affaire d'un tiers. Mon vouloir est ici indépendant de tout accord. Les faits délictueux, les quasi-contrats et bien d'autres actes peuvent se ranger dans cette série (1).

Les vices de motifs ou vices de volonté, pour employer l'expression juridique, se retrouvent dans ces deux ordres de manifestations. On peut être amené à tester, à commettre un crime, actes unilatéraux, par erreur ou violence, comme à contracter une obligation ordinaire. Les vices de volonté ont des résultats légaux dans ces actes unilatéraux comme dans les actes conventionnels. Ainsi celui qui testera sous l'empire de la violence et de l'erreur n'aura pas fait un testament valable. Ainsi les effets d'une construction faite par erreur sur le terrain d'autrui ne seront pas les mêmes que ceux de la même construction faite sciemment.

---

(1) L'illustre Savigny a le premier fait ressortir cette division des manifestations de volonté dans son tome III du *System*, p. 5 et 6, traduction Guénoux.

Nous n'étudierons les vices de volonté que dans les actes conventionnels. Aussi devrions-nous nous servir pour mieux préciser de l'expression : *vices du consentement*. Mais comme le consentement est la manifestation la plus élevée du vouloir humain, les législateurs ont toujours donné à son occasion les règles générales applicables à toutes les autres manifestations. Les lois que nous verrons devront donc être appliquées en toutes matières où soit un principe, soit un texte spéciaux ne les écarteront point. C'est ce qui fait l'importance de notre étude, ce qui pourrait nous autoriser à dire qu'elle nous fera connaître à un point de vue d'ensemble les conditions d'efficacité juridique de la volonté.

IV. Avant d'entrer dans les dispositions législatives sur les vices du consentement, examinons-les un instant, en dehors de toute idée de droit positif particulier, en indiquant leurs caractères respectifs.

Les vices de volonté, d'après les réflexions que nous venons de faire au début, sont des motifs défectueux dont l'imperfection est telle qu'on a dû modifier l'effet normal des actes accomplis sous leur influence. Le législateur intervient et donne les moyens de rectifier ce que la manifestation du consentement a d'irrégulier sous la pression du motif vicieux, car les lois ont pour but d'assurer l'intégrité du développement des volontés individuelles dans les relations sociales. Un motif vicieux n'est parfois qu'un léger accident pour la vie ordinaire, il est toujours un mal profond pour la vie juridique quand il corrompt la source des conventions.

Mais par cela même que le vice de consentement n'est qu'un motif mauvais, il ne supprime pas l'élément de volonté. Sans doute, elle est imparfaite, cette décision entachée d'erreur, de dol ou de violence, mais elle existe néanmoins ; on a bien réellement voulu quoique ce soit par l'effet d'un mobile défectueux. Aussi dit-on que les vices de volonté portent atteinte à la validité du consentement et partant de l'acte juridique, mais ne détruisent pas son existence. Comme le remarque très bien Savigny au sujet d'un de ces vices :
« C'est une locution impropre de dire que l'erreur a déter-
» miné la volonté, car la liberté de choisir entre des réso-
» lutions opposées était entière. Les avantages que l'erreur
» faisait briller, on pouvait les refuser. L'influence de l'er-
» reur n'exclut donc nullement la liberté de la déclaration.
» Il faut distinguer la volonté elle-même de ce qui la précède
» (motif). Elle est un fait isolé seul exigé pour la formation
» des rapports de droit. Regarder comme partie intégrante de
» ce fait un procédé préparatoire serait une tentative vaine
» et arbitraire (1).

La cause du motif vicieux peut être soit dans le for intérieur de celui qui veut, soit dans une impulsion extérieure. *L'erreur* proprement dite est spontanée. Elle a son origine dans l'esprit même de celui qui en est affecté, en dehors de toute influence dolosive externe. C'est un faux jugement. C'est pour la défi-nir, le fait intellectuel de celui qui, spontanément croit savoir ce qu'en réalité il ne sait pas. Elle se distingue ainsi de l'igno-rance qui consiste simplement en ne pas savoir.

---

(1) Loco cit. page 113.

*L'erreur provenant d'un dol* est au contraire causée par l'action coupable d'un tiers. De même *la crainte* résultant d'une violence. La protection de la loi devra être d'autant plus bienveillante pour la volonté que le vice n'est aucunement imputable à celui qui en est affecté (1).

V. C'est en effet pour protéger la volonté que les législations se sont occupées des vices du consentement. Comment pouvait s'exercer leur action protectrice ? en supprimant, en neutralisant les effets nuisibles causés directement par l'erreur, le dol ou la violence.

Mais comment distinguer en général l'effet nuisible du vice de volonté, le dommage qu'il peut déterminer et que la loi veut réparer ? Ce dommage consiste à faire produire à un acte juridique un résultat opposé à l'intention vraie des parties, c'est-à-dire à l'intention qu'elles auraient eue probablement en l'absence de ce vice. Le législateur n'a donc qu'à mettre les choses dans un état conforme à cette intention pour que le préjudice soit effacé.

Ainsi je me suis obligé à acheter une maison, mais c'est par suite d'erreur, de dol ou de violence. C'est une habitation de pierre que je voulais, elle est en pisé. L'effet nuisible du vice, c'est l'obligation d'acheter, c'est le contrat. Il sera annulable, voilà le remède. La protection du législateur se manifeste par l'annulabilité.

Supposons au contraire qu'un individu se soit marié avec

---

(1) C'est sur cette idée qu'est fondée la théorie de l'*Excusabilité* dont nous aurons occasion de parler.

une personne qu'il estimait et aimait profondément, mais qu'un empêchement de parenté découvert fortuitement rende ce mariage absolument nul, l'ordre public s'opposant à toute validation postérieure. L'effet nuisible de l'erreur serait ici qu'on annulât tous les résultats de cette union. La protection de la loi s'exercera en donnant au mariage tous ses effets civils jusqu'au jour où l'erreur aura été reconnue et le contrat déclaré nul.

Remarquons comme nos exemples justifient la proposition que nous avons énoncée. Il est opposé à l'intention du contractant acheteur d'acquérir une maison en pisé. Il est au contraire opposé à l'intention des parties de ne pas être mariées. On n'a pas voulu cette maison, tandis qu'on a bien réellement voulu le mariage. Pour mettre les faits en conformité avec les intentions, on annulera l'achat, tandis qu'on maintiendra les résultats du mariage.

Si nous généralisons nos espèces qui sont comme le type de beaucoup d'autres nous distinguerons deux sortes d'actes dans lesquels la protection contre le vice de volonté devra prendre des voies différentes. Les uns, abstraction faite de la volonté, possèdent tous les éléments nécessaires à leur validité. Mais ils produiraient des résultats contraires à l'intention intime des parties si on maintenait leurs effets, parce que le consentement y a été troublé par l'erreur, le dol, ou la violence. Ici, pour protéger la volonté viciée, il faudra annuler, modifier les actes quoique valables dans leurs autres conditions.

D'autres actes sont nuls ou irréguliers, mais la volonté des parties y a joué un rôle irréprochable parce qu'elle ignorait les causes de nullité ou d'irrégularité ; et de plus cette volonté a existé bien réellement avec l'intention de produire des effets que l'absence des conditions étrangères à la volonté peut seule empêcher de produire. Tandis que dans les premiers l'acte valable est opposé à l'intention du contractant, ici l'acte nul est conforme à cette intention. Tandis que dans ceux-là il faudra supprimer les effets de la volonté viciée, dans ceux-ci il faudra donc maintenir l'acte si on veut respecter les intentions. Pour protéger la volonté il faut dans ce dernier cas reconnaître à son erreur le pouvoir de valider et de rectifier l'acte juridique dans de certaines conditions. C'est toujours le respect du vouloir, sa protection contre un vice pour but, mais avec des moyens divers pour y arriver. Ces moyens devant, tantôt satisfaire une intention qui peut s'exprimer par une négative : je ne veux pas la maison en pisé ; tantôt une intention qui s'exprimerait bien au contraire par une affirmative : j'ai voulu réellement telle personne pour épouse.

Ces explications étant fournies, remarquons maintenant que la seconde manière de secours n'a lieu de s'appliquer qu'au vice d'erreur. Son champ d'application est en effet l'innombrable série des cas de *bonne foi*, des cas où il y a eu une intention effective d'accomplir un acte juridique donné, celui-ci manquant son effet par suite de circonstances indépendantes du vice de volonté, et la loi corrigeant cependant le défaut d'effet légal eu égard à l'erreur excusable, à la bonne foi des parties. Nous ne nous occuperons point de cette manifestation du vice de volonté. Il y a dans ces cas à côté de la question d'erreur, une question de vice d'objet ou de cause où de forme. Plusieurs éléments concourent à produire la modification au fonctionnement normal de la loi quant à cet acte. L'élément de volonté ne serait point le seul en scène dans cette étude.

Nous ne prenons donc comme objet de notre examen que des vices modifiant, à eux seuls l'acte juridique. Nous allons les analyser dans des contrats parfaits quant à toutes les conditions qui ne touchent pas à celle de volonté. Le champ de nos expériences se compose de conventions qui au point de vue de la personne atteinte par le vice ont un objet licite, une forme légale. Il se trouve que le contrat une fois formé ne donnerait pas un résultat conforme à l'intention des parties s'il était maintenu. C'est donc qu'un vice de volonté a empêché le consentement d'être en harmonie avec les intentions. L'acte sera modifié, et ce, en raison de la question de volonté seule, puisqu'à tous autres points de vue il est parfait. Nous trouvons ici le vice de consentement pur, celui dont nous faisons la théorie.

VI. Cette trop longue introduction était peut être nécessaire, pour bien préciser un sujet qui n'est qu'un point, dans l'immense étude de la volonté. Nous dirons en résumé que nous examinons les vices du consentement dans les contrats seulement ; et en second lieu, que nous les considérons en tant que modifiant par annulation un acte valable en dehors de la condition de volonté, non pas, en tant que modifiant par une certaine validation un acte irrégulier de fond ou de forme.

Pour faire une étude complète de ces vices, il faudrait, après avoir recherché leurs conditions de formation, les éléments dont chacun d'eux se compose, voir leurs effets c'est-à-dire les nullités, puis enfin la cessation ou extinction de leurs effets par la ratification ou le laps de temps. Notre thèse ne saurait avoir un cadre aussi vaste. Elle se renfermera dans l'observation des éléments de chacun des vices ; ce sera comme une analyse des plaies morbides de la volonté, des germes qui leur ont donné naissance et qui les constituent. Ayant vu la maladie dans sa naissance, nous ne la suivrons pas dans son cours ni dans sa guérison.

DIVISION. — Nous divisons notre travail en quatre parties de longueurs très inégales.

Dans une PREMIÈRE PARTIE consacrée au DROIT ROMAIN nous observerons les origines de notre matière et son développement sous l'action des grands jurisconsultes de Rome.

Dans une DEUXIÈME PARTIE nous dirons quelques mots sur le sort de la théorie des vices du consentement pendant la période de l'ANCIEN DROIT FRANÇAIS.

Notre TROISIÈME PARTIE donnera avec le commentaire des articles 1109 à 1117 du CODE CIVIL l'exposé de nos principes législatifs actuels.

Enfin une QUATRIÈME PARTIE nous permettra de jeter un rapide coup d'œil sur la LÉGISLATION COMPARÉE.

PREMIÈRE PARTIE

# DROIT ROMAIN

Nous espérons avoir dégagé dans notre introduction l'idée
philosophique et générale des vices du consentement. Nous
avons fait la théorie abstraite des lois auxquelles ils ont
donné lieu. Nous avons montré l'idéal du rapport de droit
conventionnel dans l'adhésion parfaite des volontés agissant
sous la détermination d'une raison entièrement saine, pure
de tout motif vicieux. Le progrès juridique s'avance de plus
en plus vers cet idéal. Les jurisconsultes de Rome, les
premiers, l'entrevirent et s'en rapprochèrent. Nous en
sommes plus près que les Romains. Le droit positif l'at-
teindrait, s'il était dans ses destinées de demander à la
volonté une perfection égale à celle qu'exigent la morale et
la philosophie.

Dans les sociétés primitives les rapports des hommes n'ont
d'autre base que la puissance du père ou la force du maître (1).
Il n'y a guère que des relations d'autorité. L'individu ne crée
par lui-même que peu ou point de droits. Le rapport contractuel, très-rare encore puisqu'il a lieu de famille à famille ou
de chef à chef seulement, s'appuie quand il se produit sur
le fait matériel d'une formalité rituelle. « Le devoir positif
» qui résulte de ce qu'un homme compte sur la parole d'un

---

(1) V. Fustel de Coulanges. *La cité antique.* — H. Sumner Maine, professeur
de droit à l'Université d'Oxford, jurisconsulte au suprême gouvernement de
l'Inde. *L'ancien droit.* — Ortolan. *Explicat, hist. des Institutes.* — Et surtout
R. von Ihering. *L'Esprit du droit romain.* Traduction de M. de Meulenaëre.

» autre est une des conquêtes les plus lentes d'une civilisa-
» tion en progrès... Au commencement ce que sanctionne la
» loi, ce n'est pas la promesse, c'est la promesse accompagnée
» d'une cérémonie solennelle...... Aucun engagement n'est
» obligatoire si une seule formalité a été omise ou mal placée ;
» mais aussi si on a procédé avec les formes régulières on
» n'est pas admis à plaider que la promesse a été arrachée
» par la violence ou la fraude. »

Peu à peu l'engagement mental se délivre des formalités et devient à lui seul l'élément du rapport de droit. Il est probable que cette transformation commença parmi les populations commerçantes des bords de la Méditerranée orientale (1). Ses effets se firent sentir à Rome par l'admission des contrats *consensu* qu'on appela contrats du droit des gens. Dès lors les actes externes ne furent plus regardés que comme des manifestations de la volonté intérieure. L'attention du préteur Romain, magistrat par la *jurisdictio*, législateur par l'édit, philosophe par l'amour de l'équité, s'attacha au consentement. Il l'analyse, il le protège. A l'époque de Cicéron, le préteur

---

(1) Ce n'est certainement pas à Rome que se développa cette idée du pouvoir de la volonté dégagée des solennités sacrées ; idée capitale dans l'histoire des législations, puisqu'elle est l'origine du droit moderne des contrats. On peut voir dans un ouvrage, savant autant que littéraire, l'*Hypothèque* par M. Alfred Jourdan pag. 152, pag. 164 note 9 l'influence des lois Grecques sur la législation Romaine dans le sujet qui nous occupe.

Si dans le texte de notre thèse nous ne donnons pas ici d'affirmations précises, c'est qu'avant de rien affirmer, nous aurions voulu étudier si les origines des contrats purement consensuels ne pourraient pas se trouver soit dans l'Egypte ancienne, soit dans les empires d'Assyrie, soit même dans l'Inde. C'est cependant peu probable ; l'immobilité, l'autorité sacerdotale régnaient dans ces civilisations d'Egypte et d'Asie où des formes consacrées étaient imposées même à la sculpture et à la peinture.

Aquilius Gallus, ami du grand orateur, affirme la nullité des consentements obtenus par le dol. Plus tard le préteur Cassius affirme la nullité des consentements arrachés par la violence. Pendant les siècles suivants, les jurisconsultes scrutent plus profondément encore la volonté, signalent le vice d'erreur et indiquent des remèdes pour le combattre.

Ainsi s'est développée, durant une période de plusieurs centaines d'années, la théorie des vices du consentement. Commencée pendant la République, son élaboration a continué sous l'Empire. Chaque jurisconsulte apportait, comme des matériaux pour cet édifice, quelques solutions nouvelles, quelques observations particulières des cas de dol, de violence ou d'erreur. Une lumineuse équité dictait les sentences de ces hommes qui avaient consacré leur vie au droit. Tandis que régnait un gouvernement toujours despotique, souvent abject, la liberté s'était abritée dans la littérature et les arts, la moralité dans la philosophie juridique.

Les compilateurs de Justinien, au lieu de réunir tous les éléments de notre théorie, les ont jetés un peu au hasard à travers les *Pandectes*. L'œuvre des commentateurs a été de mettre de l'ordre et de l'unité dans cette matière en rassemblant les principes épars. Suivant leur plan, adopté par le Code civil, nous examinerons d'abord l'erreur quoiqu'elle n'ait été l'objet de dispositions législatives qu'après le dol et la violence. L'étude de l'un et de l'autre de ces vices viendra ensuite.

L'erreur, le dol et la violence sont-ils les seuls vices du consentement reconnus par le Droit romain ? La plupart des interprètes n'en énumèrent ni plus ni moins. Et nous suivons leur énumération parce que dans ces trois sortes de faits seuls nous rencontrons les caractères du vice de volonté nettement accusés. Quant à la lésion, elle n'est admise qu'exceptionnellement à rescinder un contrat. Son étude est donc spéciale à l'examen des cas particuliers où elle a un effet; elle ne peut être considérée comme un vice du consentement en général.

Quelques auteurs ajoutent la simulation, c'est-à-dire, le fait des parties qui font semblant de faire un acte que réellement elles n'ont pas l'intention de faire. Mais il suffit de lire le titre 22 livre IV au Code « Plus valere quod agitur, quam quod simulate concipitur » pour se convaincre qu'on ne peut rationnellement rattacher cette théorie à celle des vices du consentement.

A propos de chacun de ces vices, nous serons amenés à parler des moyens établis pour protéger la volonté contr'eux ; moyens très-variés et liés par une corrélation étroite au vice lui-même, formant un des caractères qui distinguent le système romain de celui du Code civil. Dans celui-ci, un moyen simple et unique, l'action en nullité ; dans celui là, tout un arsenal d'armes diverses, forgées pour triompher des difficultés qu'avaient à vaincre les préteurs et les prudents dans leur lutte contre le vieux droit civil : les *exceptiones*, les *actiones*, les *restitutiones in integrum*.

CHAPITRE PREMIER

———

# IGNORANTIA

Nous avons défini l'erreur et l'ignorance. Tout ce que nous dirons de l'une s'appliquera à l'autre ; car dans toutes les deux il y a l'absence de l'idée vraie. L'une et l'autre empêchent la volonté d'agir dans la vérité.

Les jurisconsultes romains se servent indifféremment du mot *ignorantia* ou du mot *error*. C'est le premier cependant qu'ils emploiraient de préférence (1). Nous préférerons au contraire le mot erreur qu'adoptent nos commentateurs.

On distingue l'erreur de droit et l'erreur de fait. La loi 1 § 1 et 2 de notre titre 6. 22. D. contient des exemples de l'une et de l'autre. L'erreur de droit est celle qui porte sur une règle de droit, qui consiste à ne pas connaître les prescriptions légales sur un fait déterminé. L'erreur de fait est toute autre espèce d'erreur.

La protection accordée à l'erreur est exceptionnelle. Chacun doit en principe supporter la responsabilité entière de cet état de l'âme puisqu'il est spontané et qu'aucune cause étrangère n'agit directement pour le produire. L'intérêt du crédit public,

---

(1) Doneau 1. 19 § 5. — De juris et facti ignorantia au Code et au Digeste.

3

la nécessité de ne point jeter les contractants dans une incertitude sans bornes exigent que l'indulgence de la loi pour les volontés viciées n'aille pas jusqu'à compromettre universellement les effets des volontés saines.

Le jour où les prudents donnèrent à l'erreur une influence annulatrice, ils s'inspirèrent de ces réflexions. De là une foule de textes qui posent la règle suivante : pour que l'erreur soit protégée, il faut qu'elle soit excusable ; il faut qu'elle ne soit pas telle qu'un homme insouciant seul ait dû la commettre : ignorantia ità accipienda non deperditi neque nimium securi hominis (1) L. 3 § 1. de juris et facti ignorantiâ. D. 22. 6. — Ignorantia emptori prodest quœ non in supinum hominem cadit. L. 15 § 1. 18. 1. — nec stultis solere succurri sed errantibus. L. 9 § 5. 22. 6.

C'est parce que les jurisconsultes considèrent l'erreur de droit comme inexcusable qu'en général ils déclarent qu'elle nuit à celui qui la commet; cum ignorantia juris facile excusari non possis, dit la loi 2 au Code 1. 18. C'est à la lumière de cette idée qu'il faut interpréter la règle de la loi 9 pr. 22. 6 : Regula est juris quidem ignorantiam cuique nocere, facti vero ignorantiam non nocere. Cette règle est vraie en tant que consacrant le principe de l'inexcusabilité de l'erreur de droit, mais elle n'est point absolue et ses applications cessent où cesse l'idée qu'elle consacre. Error in jure non eodem loco quo facti ignorantia haberi debebit : cum jus finitum et possit esse et debeat; facti interpretatio plerumque etiam

---

(1) On retrouve dans plusieurs cas ce procédé des jurisconsultes par lequel ils établissent des comparaisons avec un type auquel on doit rapporter d'autres situations pour les apprécier.

prudentissimos fallat. L. 2. h. t. Quand l'erreur de droit sera excusable, quand elle portera par exemple sur une question controversée qui peut tromper autant qu'une erreur de fait les gens les plus sages et les plus prudents, on devra protéger celui qui l'a commise. L'esprit des textes le veut ainsi.

Tel est à notre point de vue le principe qui se dégage du droit romain en matière d'erreur. L'erreur n'est protégée que si elle est excusable. Quand elle l'est, erreur de droit ou de fait, elle est secourue. Nos affirmations s'appuient sur l'autorité d'auteurs illustres.

Remarquons que l'erreur de droit se présentera rarement dans notre matière. Notre exposé en fera comprendre la raison.

Si nous faisions une monographie de l'erreur, nous développerions longuement une question que nous ne faisons qu'indiquer et sur laquelle se sont exercées à l'envi plusieurs générations de commentateurs. Cujas, Doneau, Pothier, Voët, Hoppfner, Savigny, Mühlenbruch, sans parler de d'Aguesseau, sans parler des romanistes français modernes, se sont battus à outrance sur les effets de l'erreur de droit quant au *lucrum*. Des montagnes de discussions ont été soulevées sur deux lois du titre 6 livre 22, les lois 8 et 7. Pothier formule ainsi les deux termes de la question : in lucris nocet error juris, non facti ; — error quilibet non nocet in damnis.

Des considérations que nous avons émises plus haut résulte le principe de l'excusabilité, qui pour n'avoir pas une précision mathématique n'en commandera pas moins à la conscience des juges.

Un second principe, c'est que l'erreur doit être grave pour être l'objet d'une mesure de protection. La démonstration de cet axiôme nous apparaîtra bientôt. Nous allons en effet voir d'abord dans quels cas l'erreur porte sur des points d'importance telle qu'on a dû ne pas reconnaître d'effet intégral à la volonté déterminée par cette erreur.

Le contrat est un accord de volontés, générateur d'une obligation. Pour qu'il soit possible, il faut que les parties s'accordent premièrement sur la nature de l'obligation qu'elles veulent établir ; en second lieu, qu'elles s'entendent sur l'objet corporel ou incorporel de cette obligation ; car pour naître, le contrat doit sortir de la région intérieure de l'esprit et se manifester sur un objet extérieur.

Quand l'erreur portera sur la nature de l'obligation, sur son objet, il est évident qu'elle sera vraiment grave. Le sera-t-elle également quand elle portera sur les autres éléments du contrat ? Ce sujet va être traité en une première subdivision : *Sur quels objets doit porter l'erreur pour vicier le contrat.*

Dans une seconde, nous verrons *chez quelles personnes elle doit exister.*

Dans une troisième, le *Procédé juridique employé pour sa protection.*

Ces trois divisions pourraient se résumer en deux, l'une comprenant les conditions exigées pour que l'erreur vicie le contrat, la seconde le procédé juridique employé contre le vice.

# Sur quels objets doit porter l'erreur pour vicier le Contrat.

Il ne conviendrait pas de procéder synthétiquement dans une question dont les solutions n'ont été données pour la plupart que sur des hypothèses spéciales. Nous allons donc analyser les divers objets sur lesquels peut porter l'erreur dans un contrat. Sur chacun, nous ferons connaître la décision des jurisconsultes.

I. La première chose sur laquelle les parties doivent être d'accord quand elles veulent contracter, c'est la nature de l'obligation. Est-ce une obligation de louage? est-ce une obligation de vente ? Si l'une des parties ou toutes les deux sont dans l'erreur sur leurs intentions respectives à ce sujet, il y a *dissensus* non consensus, il ne peut y avoir de contrat (1).

Il faut ensuite que les volontés se fixent sur un certain objet. Si par suite d'erreur les consentements ne se rencontrent pas sur ce point, il y a encore *dissensus*. Le contrat est empêché. Des textes très-clairs montrent que ce fait a toujours été reconnu : pour la vente, L. 9 pr. 18. 1 de contrah. empt. : quia *in corpore* dissensimus, emptio nulla est. ; pour le louage et la société L. 57. 44, 7 de oblig. et act ; pour les stipulations

---

(1) L. 18 pr. et § 1, de reb. credit. citée par Vernet. *Textes sur les obligations* pag. 227.— L. 3 § 1 de oblig. et act. — L. 9 pr. de contrah. empt.

malgré leur formalisme, Instit. § 23. De inutil. stipul.; en un mot pour tous les contrats.

Quand l'objet ou l'un des objets consiste en choses déterminées seulement par leur espèce et leur quantité, il peut y avoir aussi dissentiment. Les solutions romaines sur ces hypothèses sont identiques à celles que nous verrons en droit français. Contentons-nous donc de signaler que même pour la stipulation, les jurisconsultes de la grande époque semblent vouloir s'attacher avant tout à l'intention des parties, en cas de *dissensus* sur la quantité notamment, pour décider s'il y a eu ou non contrat. Ainsi Primus stipule 10 sesterces et Secundus n'en promet que 5. Paul et Ulpien déclarent (1) qu'il y aura contrat sur les 5 sesterces, parce qu'en vouloir 10 suppose qu'on en veut au moins 5 : quod magis est in se minus continet. Gaius paraît cependant donner une solution opposée sous l'influence d'un reste de respect pour les paroles sacramentelles de la stipulation. C. 3 § 102.

C'est sur l'intention des parties qu'est basée la solution suivante de Pomponius à propos d'un contrat de bonne foi : L. 52. 19. 2 Locat. conduct : si decem tibi locem fundum, tu autem existimes quinque te conducere, nihil agitur. Sed et si ego minoris me locare sensero tu pluris te conducere, utique non pluris erit conductio quam quanti ego putavi.

Jusqu'ici nous n'avons vu que des cas où se présente *l'erreur improprement dite* pour parler comme M. de Savigny. Dans ce qu'on appelle *error* ou *dissensus in naturâ contractûs—in corpore,*

---

(1) L. 1 § 4. L. 83 § 3. 45. 1. de Verb. obligat.

il n'y a pas seulement erreur, il y a absence totale de consentement puisque les volontés ne se sont point rencontrées. Il y a défaut absolu de lien, que les contrats soient synallagmatiques ou unilatéraux, de bonne foi ou de droit strict.

Nous appliquerons les mêmes observations aux cas où se produira l'erreur sur l'existence de l'objet ou sur le *commercium*. Nous n'ajouterons que quelques réflexions sur ces points que nous retrouverons en droit français et que régit la logique autant que le droit pur.

Ce n'est pas l'erreur sur l'existence de l'objet qui peut annuler un contrat, c'est le défaut d'existence de l'objet qui rend le contrat impossible. L'objet doit être considéré comme inexistant dès qu'il n'a plus la forme et l'utilité primitives que les parties lui supposaient encore par erreur. Ainsi dans le cas où une maison a été vendue, Nerva, Sabinus, Cassius et Paul sont unanimes à dire : nihil venisse quamvis area maneat. L. 57. 18. 1. de contrah. empt.

Dans l'hypothèse d'une perte partielle, si les deux contractants connaissent cet état de choses, la convention tient. Si l'acheteur seul le connaît, même solution : il est censé trouver que la chose vaut encore ce qu'il la paie malgré la perte. Si c'est le vendeur qui est instruit de la perte, l'acheteur l'ignorant, les textes disent : si quantacumque pars edificii remaneat et stare venditionem et venditorem emptori quod interest restituere. L. 57 § 1. eod. tit.

Supposons les deux parties en erreur, on distingue si c'est la majeure ou la mineure partie de l'objet qui a péri. Dans le premier cas, nullité. Dans le second, réduction du prix au profit de l'acheteur : boni viri arbitratu, ut quod ex pretio propter incendium decrescere fuerit inventum ab hujus prestatione liberetur. L. 57 pr. eod. tit.

Promettre, donner, vendre une chose qui n'est pas dans le commerce, c'est faire un contrat qui est nul indépendamment de toute erreur. Mais dans les contrats de bonne foi, l'acheteur ignorant pourrait obtenir du vendeur des dommages intérêts.

Nous traiterons avec le Code civil de l'erreur sur la cause qu'il faut assimiler à tous ces cas d'erreur improprement dite. Les Romains n'avaient pas analysé cet élément avec la même précision que nos législateurs. L'erreur sur l'objet et l'erreur sur la cause peuvent n'être qu'une même erreur envisagée de deux côtés différents. Ainsi dans une convention synallagmatique quand on croit faussement à l'existence d'un objet, l'obligation de l'un des contractants est nulle faute d'objet, l'obligation de l'autre est nulle faute de cause. Les prudents, sans faire cette distinction aussi clairement que nos auteurs modernes donnent la solution juste : nulla est emptio, nihil valet emptio.

Dans les contrats de droit strict, l'existence de la *causa civilis*, des paroles solennelles, suffisait pour qu'il y eut obligation en dehors même de toute cause telle que nous l'entendons. Mais le préteur, soit par *l'exceptio non numeratæ pecuniæ*, soit par *l'exceptio doli mali* enlevait à l'erreur ses effets nuisibles dans ces contrats. Aussi peut-on affirmer que les Romains en étaient arrivés par ces différents moyens à un résultat se rapprochant de notre nullité pour défaut de cause et à cette règle que formule Mühlenbruch : vitiatur contractus si quis falso se debere putans contraxerit vel solverit.

II. Si nous supposons maintenant que les volontés se sont rencontrées sur un certain objet, mais que cet objet quoiqu'étant bien celui que voulaient les parties *in ipso corpore*, ne soit cependant pas tel qu'elles le croyaient quant à ses qualités et à ses attributs, la loi romaine protégera-t-elle les parties contre leur erreur?

Les jurisconsultes n'ont jamais donné de règles générales sur cette question. C'est même assez tard, comme nous l'avons dit, qu'ils ont fourni leurs solutions spéciales. Avant que les progrès de la philosophie eussent rendu plus hardies et plus pénétrantes leurs décisions, il leur semblait que dans les cas dont nous parlons les volontés se rencontrant sur un même objet, il y avait l'enlacement juridique complet d'où naît l'obligation. Au dire d'Ulpien, Marcellus voulait que la vente fut définitive aussi bien que la stipulation, malgré toute erreur, quand il n'y a pas *dissensus in corpore :* Marcellus scripsit, lib. 6 Digestorum emptionem esse et venditionem quia in corpus consensum est, etsi in materia sit erratum. L. 9 § 2 de contrah. empt.

Des opinions plus rationnelles se firent jour, mais elles n'apparurent que timidement, par des décisions d'espèces, par des hypothèses, au lieu de s'affirmer dans des principes. L'équité ne perça que peu à peu la dure écorce de l'ancien droit. Cependant les germes répandus çà et là contiennent un esprit, et c'est en l'exprimant que nos législateurs ont fait la théorie de l'article 1110, théorie générale issue de solutions particulières.

Ce fut dans les contrats consensuels et spécialement dans la vente que les prudents attribuèrent progressivement des effets à l'erreur proprement dite. Voici les textes les plus précis et les plus incontestés : si in corpore ipso non erretur, sed in substantiâ error sit, ut puta si acetum pro vino veneat, œs pro auro, vel plumbum pro argento, vel quid aliud argento simile... *aliud pro alio* venisse videtur. In cœteris autem nullam esse venditionem, puto, quoties in materia erratur. L. 9 § 2 de contrah. empt. — Si ego mulierem venderem, tu puerum emere existimasti, quia in sexu error est, nulla emptio, nulla venditio est. L. 11 § 1 eod. t. Dans tous ces cas, on est bien d'accord sur l'individualité de l'objet, mais il y a erreur sur un de ses attributs, que les textes qualifient de *substantia*. J'ai pris ce vinaigre pour du vin, cette statue de bronze pour une statue d'or, ce vase de plomb pour un vase d'argent, cette esclave de sexe féminin pour un jeune esclave masculin. Le contrat sera annulé. Pourquoi ? parce que, disent les textes, in substantiâ error sit. Errori materiœ comparari potest in sexu ; sexus enim *substantiam* mancipii venditi constituit ; unde iste error vitiat contractum ; secus de errore circa alias qualitates mancipii.

Quel sens devons-nous donner à ce mot de substance ? On se tromperait si on restreignait sa portée à l'idée de la matière dont se composent les objets. La vente peut être valable quoique l'objet soit d'une autre matière que celle que croyait l'acheteur. Ainsi la loi 21 § 2 de actionib. empti 19. 1 suppose valide une vente de tables que l'acheteur pensait être en bois de citronnier (1), tandis qu'elles étaient en réalité en un autre

_______

(1) Les Romains faisaient venir d'Afrique des pièces de citronnier énormes dont on faisait des meubles de luxe. Au dire de Pline, Hist. nat. 13. 15, une certaine table en citronnier fut payée 1,400,000 sestérces, soit 262,500 francs.

bois, ce qui constitue au point de vue purement physique une matière première très différente. On doit donc considérer la substance dont il s'agit comme l'attribut caractéristique des choses, leur substance en quelque sorte morale, la qualité dont la présence ou l'absence change l'espèce de l'objet au point de vue de l'utilité qu'il est destiné à remplir dans les intentions des parties, eu égard à l'usage habituel qu'on en fait communément. C'est bien en ce sens qu'on a pu dire qu'il y avait *error in substantiâ* dans l'achat de l'esclave masculin pour l'esclave féminin. C'était en quelque sorte une marchandise toute différente, *aliud pro alio*. En croyant acheter une femme l'intention du contractant visait les services spéciaux du sexe féminin : les travaux d'intérieur, les ouvrages d'aiguille. Se trouvant avoir en réalité un homme destiné aux gros travaux, son intention est complétement lésée.

C'est encore en ce sens qu'il y a erreur sur la substance dans l'exemple suivant que propose Julien, loi 41. 18. 1 : mensam coopertam argento mihi ignoranti pro solida vendidisti imprudens, nulla est emptio... La table est bien d'argent. A ce point de vue, il n'y aurait donc point error in substantia, in materia ; mais elle n'est pas d'argent massif. Or c'était cet attribut *pro solida* qui dirigeait l'accord des volontés. La substance morale manque donc à l'objet et on comprend la nullité. Ainsi les prudents faisaient triompher de l'erreur, dans la vente, l'intention des parties.

Quand l'erreur, au lieu de porter sur ce que nous avons appelé la substance, existera simplement sur des qualités accessoires de la chose, sur des qualités dont l'absence ou la présence ne changent point radicalement la nature caractéristique et intentionnelle de l'objet, dans ce cas, la volonté n'est plus considérée comme viciée. L'esclave achetée qu'on croyait vierge a-t-elle été mère, qu'importe ! emptio valebit. In sexu enim non est erratum. L. 11 § 1. 18. 1. De même si on a vendu un bracelet considéré comme un bracelet d'or, et qu'il contienne cependant beaucoup de cuivre, L. 14. 18. 1 ; vente valable, parce qu'il n'y a pas absence de la qualité dominante, le bracelet étant d'or quoique d'or mélangé d'alliage.

La loi 45 au même titre, nous paraît contenir deux solutions analogues, quoique la dernière ait divisé et passionné les commentateurs belliqueux en quête de controverses. A-t-on acheté des habits remis à neuf, croyant qu'ils étaient neufs, la vente tiendra, parce que la qualité d'habits absolument neufs n'est point capitale. Son absence ne range point ces vêtements dans la catégorie des vieux habits. — A-t-on par erreur acheté un vase d'*aurichalcum* qu'on s'imaginait être d'or pur, point de nullité ; car prendre pour de l'or pur un métal d'or mélangé d'alliage, ce n'est pas, nous l'avons déjà vu, être en erreur sur la substance de l'objet. Le défaut de la qualité d'or sans mélange, ne range point l'aurichalcum dans une espèce de métal toute différente. Il n'y a point *aliud pro alio*.

Nous devons observer que l'explication de la dernière phrase de la loi 45, n'est point admise telle que nous la donnons par bon nombre d'auteurs. Nous nous sommes cru autorisé par la place qu'elle occupe à n'y voir qu'une seconde application conforme à celle que renferme le commencement de la loi, du principe, que l'erreur sur les qualités accidentelles n'annule pas le contrat. Averanius pense comme nous, en opposition avec Cujas, que la vente est valable. Mais il recourt pour expliquer cette validité à une hypothèse qui fait le plus grand honneur à son génie inventif. A notre avis, si on n'adopte pas l'opinion que nous avons exposée, il est impossible de s'entendre sur cette loi. Avant la controverse de droit il faudrait résoudre une controverse de métallurgie puisqu'on ne sait pas au juste la nature de *l'aurichalcum* (1).

La théorie des vices rédhibitoires organisée par les édiles contient une remarquable dérogation au principe que l'erreur sur les qualités accidentelles ne donne pas lieu à destruction du rapport consensuel. Déjà, sous l'empire des XII tables, le vendeur était tenu de fournir à l'acheteur ignorant une indemnité du double à raison des défauts de la chose vendue, quand ils la rendent impropre à l'usage auquel elle était destinée ou qu'ils en diminuent sensiblement la valeur (2). Toutefois, il fallait que le vendeur eut faussement affirmé des qualités que la chose n'avait pas. La jurisprudence étendit cette disposition aux défauts dont l'existence aurait été sciemment cachée. Les édiles déterminèrent les vices qui permettraient à l'acheteur de réclamer et établirent les deux actions *quanti minoris* et *redhibitoria* entre lesquelles la partie lésée pouvait choisir. L'acheteur doit avoir ignoré le vice à

---

(1) Suivant les uns, c'est du laiton (cuivre et étain); suivant les autres, du similor (cuivre et zinc). D'après une troisième opinion, ce serait un métal inconnu aujourd'hui. Nous aurions dû, pour nous faire une opinion personnelle, recourir aux traités spéciaux sur l'orfévrerie ancienne. Nous avons préféré accepter l'avis de Molitor qui, avec quelques auteurs plus anciens, croit que l'aurichalcum était un alliage d'or et de cuivre.

(2) Ciceron. de Officiis. 3. 16.

l'époque de la vente. Quant au vendeur, on était arrivé à décider qu'il n'importait en rien qu'il eût connu ou ignoré le défaut de sa chose : neque enim interest emptoris cur fallatur, ignorantiâ venditoris an calliditate. Nous reviendrons sur les vices rédhibitoires avec le Code civil.

Nous n'avons parlé encore que de la vente parce que les solutions des jurisconsultes se rapportent toutes à ce contrat. Mais il est certain que nos règles s'appliquent aux contrats tels que l'échange et le louage qui ont plus ou moins d'analogie avec la vente (1). Dans ces contrats il y a des obligations corrélatives dont l'une tient à l'autre. Quand l'une est infectée d'erreur le contrat tout entier doit tomber. La contreprestation, le prix, dépendent en effet des qualités de la chose objet de l'obligation de l'autre partie.

Des textes formels ne tiennent au contraire pas compte de l'erreur sur la substance dans deux des contrats unilatéraux. La loi 22 de Verb. oblig. 45. 1. est ainsi conçue : si id quod aurum putabam cum œs esset stipulatus de te fuero, teneberis mihi hujus œris nomine : quoniam in corpore consenserimus. Ainsi l'error in substantia n'est pas admise dans notre cas.

La loi 1 § 2. de Pigner. act. 13. 7 a une disposition identique pour le contrat de gage : si quis tamen, cum œs pignori daret, adfirmavit hoc aurum esse..... pignori esse videatur.

---

(1) Pour le mandat et la société, c'est surtout l'erreur sur la personne qui peut se produire.

Ces solutions s'expliquent. Le stipulant ou le créancier gagiste sont intéressés au maintien du contrat, car il vaut mieux pour eux avoir de l'airain que n'avoir rien à la suite de l'annulation.

Mais renversons l'hypothèse de la loi 22. 45. 1. Supposons que l'erreur ait été commise par le promettant, lequel croyait par erreur promettre un objet de cuivre et promettait au contraire un objet en or. La stipulation est valable. Mais le débiteur aura pour repousser le créancier l'exception générale *doli mali* dont nous traiterons plus tard. Il est en effet contraire à l'équité de demander à un débiteur ce qu'il a promis par erreur. Que si le promettant a payé, il aura la *condictio indebiti*.

Nous adopterions un système analogue pour les contrats tels que le gage et le commodat, dans lesquels le débiteur gagiste ou le commodant se seraient trompés sur la substance de l'objet à remettre. Seulement comme ce sont des contrats de bonne foi, *l'exceptio doli* à insérer dans la formule n'est point nécessaire pour repousser le créancier. Et si le contrat est exécuté, par l'action même du contrat, le débiteur gagiste ou le commodant pourraient se faire indemniser de ce qu'ils ont fourni *aliud pro alio* (1).

En dehors de l'erreur sur la nature de l'obligation, en dehors de l'erreur sur l'identité physique de l'objet ou sur ses qualités substantielles, un contractant peut encore se tromper

_______

(1) Nous ne parlons pas du dépôt où des hypothèses semblables ne peuvent guère avoir lieu.

sur la personne de celui avec qui il contracte. Me trouvant en présence de Primus, je puis croire que c'est à Secundus que j'achète ou que je prête. Le consentement ne sera-t-il pas vicié par cette erreur sur la personne ?

Les auteurs enseignent généralement que sur cette question le Droit romain répond par un principe identique à celui du Droit français ; à savoir, que le contrat entaché d'erreur sur la personne est sujet à nullité toutes les fois que la considétion de la personne a été la cause principale du contrat. Cette opinion nous paraît parfaitement fondée. Les lois 52 § 21 66 § 4 de furtis, 47. 2. nous montrent de véritables applications de cette idée. Elles regardent en effet comme non avenu, le mutuum fait par erreur à une personne autre que celle à qui on pensait le faire. Il est évident que la considération de la moralité et de la solvabilité personnelles de l'emprunteur sont des considérations capitales dans un contrat de prêt. — La loi 3 § 2 de Transact. 2. 15 est basée sur la même idée. On ne transige généralement qu'en tenant le plus grand compte de la personne avec qui on fait de mutuelles concessions. — La loi 25 de donat. 39. 6. me semble encore entrer dans notre système, quoique certains auteurs s'en fassent une arme pour le combattre. Elle décide qu'il n'y a pas donation quand le donataire a été dans l'erreur sur la personne du donateur. Or n'est-il pas vrai que la considération de la personne du donateur est très-souvent la cause principale de l'acceptation de la donation ; qu'on n'accepterait pas une donation de la première personne venue, qu'une pareille acceptation pourrait être soupçonnée d'immoralité !

Dans la loi 32 de reb. credit. 12. 1. nous ne voyons au contraire qu'une extension exceptionnelle de notre principe, en dehors même de son domaine. Car il est rare de voir la considération de la personne du prêteur être pour quelque chose dans la détermination de l'emprunteur. Il est cependant des cas où ce fait peut se présenter.

Quoiqu'il en soit, le principe nous paraît établi. Nous en ferons donc l'application aux contrats à titre gratuit, aux contrats à titre onéreux consistant *in faciendo*, en un mot à toutes les conventions où la considération de la personne sera essentielle. En cas d'erreur sur la personne ils seront nuls.


III. Si nous sortons des hypothèses que nous venons de parcourir, l'erreur n'est jamais protégée par la nullité en sa qualité d'erreur, quel que soit l'objet sur lequel elle porte. Ainsi l'erreur sur les qualités accidentelles de la chose, sur sa valeur, sur sa contenance, l'erreur de calcul, l'erreur sur les motifs, l'ignorance des conséquences légales du contrat, l'erreur sur le nom de la personne, sur les droits des parties ne produiront pas d'effet propre dans les contrats. Nous nous dispensons de tout développement, sauf à revenir sur ces divers points à propos du Code civil (1).

---

(1) L'erreur dans les divers cas de ce dernier paragraphe est dite *concomitans*, par opposition aux cas précédents où elle est qualifiée *essentialis*. Ces expressions ont été créées par les commentateurs.

SECTION DEUXIÈME

# Chez quelles personnes doit exister l'erreur.

Toutes les espèces sur lesquelles les jurisconsultes ont donné leurs solutions supposent l'erreur chez un acheteur. Mais nous n'en conclurons pas que le vendeur ne soit jamais protégé. En l'absence de textes, nous nous en référerons au principe que nous avons établi au début de cette étude, au principe d'excusabilité. L'erreur du vendeur est-elle excusable, elle produira les effets que nous avons vus produits par celle de l'acheteur. Mais, comme en général le vendeur doit connaître les qualités de sa chose, il arrivera rarement que l'erreur sur la substance soit excusable chez lui.

Ainsi l'erreur est toujours protégée, chez quelque personne qu'elle se produise, pourvu qu'elle se présente dans les conditions que nous avons étudiées plus haut. Il y a même certaines personnes pour lesquelles on adoucit les conditions exigées. Tandis que l'erreur de droit est rarement excusable, elle est considérée comme l'étant toujours chez les mineurs. Ils sont en effet protégés contre les conséquences de leurs actes par la *restitutio ob œtatem*. La simple lésion même sans erreur est l'objet d'une protection en leur faveur. Donc toute espèce d'ignorance est secourue chez eux. Il leur est permis d'ignorer le droit : minoribus viginti quinque annis jus ignorare permissum est.

Les femmes avaient primitivement un privilége presque aussi étendu que celui des mineurs. Mais une constitution de Léon et Anthemius de l'an 469 déclare qu'elles ne peuvent invoquer l'erreur de droit que dans les cas spécialement énoncés par les lois. Ces cas ne se rapportent guère à notre sujet.

Pour les *rustici*, pour les militaires, ce ne sera aussi que dans des cas particuliers prévus par les lois qu'on fera exception au principe de l'inexcusabilité de l'erreur de droit.

L'appréciation de l'erreur se fait relativement à l'esprit de celui que l'acte juridique touche directement. Ainsi le fils de famille, l'esclave, le procurator extraneus agissant au nom du père, du maître, du mandant, c'est la science ou l'ignorance de celui-ci qui constitueront l'intégrité ou le vice du consentement parce que c'est lui que touche un acte fait en son nom, sous son ordre.

Quand le fils de famille ou l'esclave agissent en leur propre nom, en dehors des ordres directs du paterfamilias, c'est au contraire dans leur esprit qu'on doit envisager l'erreur.

SECTION TROISIÈME

# Procédé juridique employé contre l'erreur.

Les expressions des jurisconsultes ont une singulière énergie pour qualifier l'influence du vice d'erreur : nullus est consensus, disent ils ; nulla enim voluntas errantis est ; ou bien, non videntur qui errant consentire. La loi 32. 12. 2. que nous avons vue à propos du mutuum semble également supposer qu'il n'y a pas le moindre consentement chez des personnes en erreur. Telle n'est point cependant la pensée des jurisprudents. Les preuves en sont nombreuses. Si l'erreur supprimait le consentement d'une façon absolue au lieu de le vicier simplement, elle le supprimerait aussi bien dans les stipulations que dans les autres contrats. Or c'est ce qu'on n'admet pas. Et en outre toute erreur détruirait le consentement. A quoi serviraient donc les divers moyens édictés contre l'erreur dans les vices rédhibitoires, contre l'erreur produite par le dol ? S'il fallait regarder comme des axiômes des phrases telles que : « nulla voluntas errantis est, » à elles seules elles serviraient de protection contre toute espèce d'erreur. Toute volonté errante serait non avenue ; nos distinctions seraient vaines.

Il faut donc reconnaître que les aphorismes des jurisconsultes n'ont pas le sens que leur caractère général pourrait leur faire attribuer. Les prudents connaissaient assez le fait psychologique de l'erreur pour savoir qu'il n'entraîne pas la suppression absolue du consentement. La meilleure preuve, c'est qu'ils ne donnaient qu'exceptionnellement des effets à cette erreur.

Selon nous, on doit voir dans les termes qu'emploient les jurisconsultes une vraie fiction. Ils ne voulurent point paraître innover en une matière aussi délicate. Ils auraient pu obtenir du préteur une action *erroris causâ* comme il y en avait déjà pour le dol et pour la violence. Ils aimèrent mieux supposer que l'erreur anéantît absolument le vouloir. De cette façon, sans avoir l'air d'exiger rien autre que le consentement, ils déclaraient nul un contrat entaché d'erreur quoiqu'en réalité le consentement eût existé malgré le vice qui le rendait imparfait.

Ainsi nous n'avons point de procédé spécial, d'action spéciale, d'exception particulière, de *restitutio in integrum* pour faire rescinder un contrat entaché d'erreur. Il n'a pas besoin d'être rescindé, il n'existe même pas. Il n'est pas annulable, il est nul. Sont donc entièrement nulles toutes les conventions où nous avons vu les prudents venir au secours de la volonté viciée pour cause d'error in substantia, d'erreur sur la personne.

Pour les vices rédhibitoires, les édiles avaient été mieux inspirés. Les actions *quanti minoris* et *redhibitoria* auraient pu servir de modèles à d'autres actions contre l'erreur.

Le contrat étant nul, si nous le supposons non encore exécuté, aucune action n'en peut dériver. Soit une vente. L'acheteur a commis une erreur sur la substance. Quand le vendeur demandera au préteur *l'actio venditi* pour contraindre l'acheteur à payer, si l'erreur est déjà prouvée *in jure*, l'action sera refusée parce que le contrat est nul. S'il y a doute sur l'erreur, l'action sera donnée, mais dès que devant le juge l'acheteur aura établi son erreur, le juge ne pourra prononcer qu'il y a eu vente puisque le contrat est nul *ab initio* : nulla est, non valet emptio.

Supposons au contraire la vente exécutée. L'acheteur pourra intenter la *condictio indebiti* puisqu'il a payé par erreur ce qu'il ne devait pas.

Remarquons que le transfert de propriété s'accomplit malgré l'erreur sur la substance ou la personne. Mais l'erreur sur le *corpus* empêcherait au contraire même le transfert de propriété. Nous n'entrerons pas ici dans les discussions que peut soulever cette affirmation.

Toutes les parties seront également admises à se prévaloir de l'inexistence de la convention. Aucune ratification ne sera possible.

Nous avons dit qu'il n'y avait pas en Droit romain de *restitutio in integrum* pour cause d'erreur. Cependant en vertu de la clause générale de l'édit : si qua alia mihi justa causa videbitur, in integrum restituam, le préteur dans des cas extraordinaires pourrait, nous le pensons, rescinder exceptionnellement un contrat entaché d'erreur.

Il existe une *restitutio erroris causâ* contre les conséquences de ce vice dans des cas assez nombreux qui tiennent à la procédure, non au contrat.

# CHAPITRE SECOND

# DOLUS

Plusieurs définitions ont été données du dol dans le Digeste. La loi 1 § 2 de dolo malo rapporte celle d'Aquilius Gallus et de Servius : « machinationem quemdam alterius decipiendi causâ, cum aliud simulatur et aliud agitur. » Labéon critique cette définition. Il dit qu'elle est à la fois trop large et trop étroite. Trop large en ce sens qu'elle attribue à toute simulation la propriété de produire le dol ; or, on peut sans dol simuler une chose, feindre un acte et en faire un autre. Trop étroite en ce sens qu'elle n'admet le dol qu'au cas de simulation. Ce jurisconsulte a donné une autre définition qui est certainement bien meilleure, qu'Ulpien approuve et qu'on a généralement adoptée : « omnem calliditatem, fallaciam, machinationem, ad circumveniendum, fallendum, decipiendum alterum adhibita ».

Une idée se dégage de ces formules diverses ; c'est que le dol consiste en une manœuvre trompeuse ayant pour but un résultat obtenu de mauvaise foi aux dépens d'autrui. Il est constitué par un double élément : le fait qui induit en erreur une personne, l'intention de nuire qui dirige l'acte dolosif. La simulation dont parle notre première définition et à propos de laquelle sont nées des discussions qui arrêtèrent l'attention de Doneau, rentre dans notre règle ; on ne la considérera comme dol que si elle réunit les caractères indiqués par nous.

La terminologie romaine du dol veut qu'on le nomme *dolus malus*. C'est que les anciens Romains avaient l'habitude d'appeler *dolus* avec l'épithète de *bonus*, les ruses employées même dans un but louable et licite, contre lesquelles la loi, sans les approuver toutefois, n'a pas dû organiser une répression : « doli vocabulo, dit Festus, nunc tantum in malis utimur; apud antiquos autem etiam in bonis rebus utebantur. Unde adhuc dicimus *sine dolo malo*, nimirum quia solebat dici et bonus. La loi 1 § 3 h. t. donne la même explication.

*Lato sensu*, il y a dol toutes les fois qu'une personne a l'intention de tirer un certain profit au détriment d'autrui, même par une simple omission, même sans un fait actif. C'est en ce sens qu'on voit un dol dans l'inexécution intentionnelle des conventions causant préjudice au contractant. C'est encore en ce sens qu'il y a dol dans la dissimulation ou la réticence. Celui qui dissimule en contractant a l'intention de profiter de l'erreur de l'autre partie ; il est de mauvaise foi ; il commet ce que nos anciens auteurs appelaient le dol négatif.

Mais le dol que nos définitions désignent spécialement est le dol positif, c'est-à-dire le fait coupable visant à une action sur l'intelligence d'autrui pour y déterminer l'erreur. C'est celui contre lequel sont adoptées des mesures protectrices générales. Le dol négatif ne donne au contraire lieu à protection que moyennant certaines distinctions.

Nous l'avons dit, l'effet immédiat du dol est de causer une erreur. Mais comme cette erreur n'est point spontanée, comme elle naît sous l'influence de la mauvaise foi d'un cocontractant le secours qu'on lui accorde est plus large que dans notre précédente étude. Ce secours lui sera fourni même aux cas où en sa seule qualité d'erreur nous ne l'aurions pas considérée comme viciant le rapport juridique.

Notre matière se résume en deux questions :

*Conditions exigées pour que le dol vicie le contrat.*

*Voies de droit contre le dol.*

SECTION PREMIÈRE

# Conditions exigées pour que le dol vicie le Contrat.

Nous retrouverons ces conditions en Droit français, nous ne nous y étendrons donc point.

Le premier principe est qu'on ne peut opposer au cocontractant qu'un dol émané de lui ou d'une personne dont il serait complice : in hâc actione, dit Ulpien, designari oportet cujus dolo factum sit. L. 15 § 3. de dolo malo, 4. 3. Ainsi le vendeur Aulus qui par suite du dol de Numerius se sera laissé entraîner à vendre le fonds Cornélien à Titius, n'aura pas d'action contre ce contrat pour cause de dol. Il est vrai qu'il aura un moyen de droit contre l'auteur du dol. Mais il n'en reste pas moins qu'on semble ne pas reconnaître en ce cas le consentement comme vicié, puisqu'on ne donne pas d'action contre le contrat. Pourquoi ne décider le contraire que si la volonté a été troublée par une manœuvre du cocontractant ? Le vice n'est-il pas le même, que ce soit une personne ou une autre qui le détermine ? Il y a là une distinction qui à première vue nous choque. Nous reviendrons sur ce point.

Le second principe n'est applicable qu'aux contrats de bonne foi. Mais comme en Droit français tous les contrats sont de bonne foi, il est devenu règle générale dans notre Code. Ce principe est le suivant : pour que le dol soit pour la partie trompée une cause de rescision du contrat, il faut qu'il ait été la raison déterminante du consentement. S'il n'a eu qu'une influence accessoire portant sur des conditions plus ou moins avantageuses de la convention, en ce cas il ne pourra jamais donner lieu qu'à des dommages intérêts.

Dans le premier cas, nous avons le *dolus dans causam contractui* ; dans le second, le *dolus incidens*. Ces expressions n'appartiennent pas aux jurisconsultes romains mais aux commentateurs. Ce sont aussi les commentateurs qui ont fourni les définitions de ces deux sortes de dols. Ainsi d'après Voët (ad Pandectas, de dolo malo n° 3) il y a *dolus dans causam* « cum animum contrahendi non habens ad contractum inducitur, nullatenus contracturus, si dolus defuisset ; » il y a *dolus incidens* « cum quis sponte quidem contrahit, sed in modo contrahendi, velut in pretio ant aliter decipitur. »

Cette distinction résulte de divers textes dont les solutions ne s'expliquent guère si on ne l'admet point. On a donc pu légitimement en tirer le principe que nous avons énoncé ; il est en parfaite harmonie avec les considérations philosophiques du début de notre thèse. Un contrat ne doit en effet être attaqué que s'il découlait de sa validité une violation flagrante de l'intention qu'auraient eue les parties en l'absence de vice. (1)

La loi 7, 4. 3 déclare la vente nulle lorsque c'est l'erreur causée par le dol qui a engagé le vendeur à contracter : « nullam esse venditionem dit Ulpien, si in hoc ipso ut venderet circumscriptus est. La loi 13 § 4. 19. 1 établit d'un autre côté que si le vendeur a usé de dol non pas pour amener l'acheteur à acquérir mais pour obtenir une majoration du prix en préconisant des qualités que la chose vendue n'avait pas, en ce cas l'acheteur n'a droit qu'à une réduction du prix.

Le rapprochement de ces deux textes démontre selon nous de la façon la plus certaine que la distinction des commentateurs est fondée. Et elle est encore fondée, avons-nous dit, au point de vue philosophique. Dans notre première espèce, en l'absence du dol, l'intention des parties ne se serait pas arrêtée sur cette vente. Le contrat est le produit direct du dol. On brise ce lien immoral. Dans la seconde, les artifices coupables n'ont fait dévier les intentions que dans le cercle d'une convention déjà consentie. L'engagement émané d'une volonté vraie devra rester.

Les lois 11 § 1. 18. 1 et 45. 18. 1 présentent des espèces d'où nous pourrions tirer des conclusions également favorables à notre principe. Malgré tant de raisons de l'admettre, certains auteurs, parmi lesquels Noodt, l'ont repoussé.

---

(1) V. Introduction. N° V.

Le *dolus dans causam* pourra consister aussi bien en un dol négatif par dissimulation ou réticence qu'en un dol positif. Deux textes le prouvent d'une manière irréfragable ; les lois 45, de contrah. empt. 18. 1, et 11 § 5 de act. empt. et vendit. 19, 1.

Les contrats de droit strict ne comportent point notre second principe. Les textes sur lesquels il est basé ne leur sont point applicables. Mais en pratique on pouvait arriver à un résultat à peu près identique. *L'actio doli* exercée contre le dol dans les contrats de droit strict n'était accordée qu'en connaissance de cause « si justa causa esse videbitur ». Or le magistrat pouvait la refuser s'il s'agissait d'un dol de peu d'importance : L. 9 § 5 h. t. : merito causæ cognitionem prœtor inseruit; neque enim passim hœc actio indulgenda est. Nous voyons donc encore en ce cas cette idée que, pour que la victime du dol soit protégée, il faut qu'elle ait été trompée sur un fait capital.

SECTION DEUXIÈME

## Voies de droit contre le dol.

La loi des XII Tables avait essayé de réprimer le dol commis par les tuteurs. (Ciceron de Officiis ; de naturâ deorum cap. 3). — Plus tard, la loi Plœtoria introduisit l'action publique contre ceux qui auraient trompé les pubères mineurs de 25 ans. Ce n'étaient là que des dispositions spéciales. La répression de la loi était illusoire. Ce fut alors que pour mettre un frein à des fraudes sans nombre le préteur fit son édit « adversus varios et dolosos, qui aliis offuerunt calliditate quadam... ne vel illis malitia sua sit lucrosa, vel istis simplicitas damnosa ». L. 1. h. t.

Dans les *contrats de droit strict* jusqu'à cet édit d'Aquilius Gallus, il n'y avait pas de remède légal contre ce vice. Ciceron le constate ; de Officiis lib. 3. 14 in fine. Le caractère de ces contrats exigeait qu'on s'en tînt à leur formule rigoureusement obligatoire et qu'on n'introduisît point l'équité dans leur exécution ; uti lingua nuncupassit, ita jus esto, disait la loi des XII Tables. Mais les parties stipulaient souvent « dolum malum abesse et futurum fuisse ». D'où il résultait une action *ex stipulatu* au profit du contractant au détriment duquel un dol aurait été commis. Cette *clausula doli* ne protégeait que les personnes assez prévoyantes pour l'insérer au contrat. Les nouveaux moyens offerts par l'édit établirent une protection générale.

Le contrat n'est-il pas encore exécuté, la victime du dol qu'on voudrait contraindre à l'exécution opposera à l'action, *l'exceptio doli*. L. 36, de verb. obligat. 45. 1. Supposons maintenant que le contrat a déjà été exécuté. S'il l'a été en connaissance de cause, la victime n'a pas à se plaindre : elle est considérée comme ayant voulu faire une libéralité. Dans le cas contraire, deux actions peuvent se présenter : la *condictio indebiti* ou *l'actio doli* si le créancier ne s'est pas enrichi par suite de l'exécution du contrat.

Nous étudierons bientôt en détail soit l'action, soit l'exception de dol.

Dans les *contrats de bonne foi* avant l'exécution on a également *l'exceptio doli*, mais avec cette particularité qu'il n'est pas nécessaire de la faire insérer dans la formule : exceptio doli inest bonœ fidei judiciis. Après l'exécution, on attaquera le contrat entaché de dol par l'action même du contrat. Ainsi un acheteur qui aura été entraîné par des manœuvres artificieuses à acheter un certain objet qu'il n'aurait pas acheté sans le dol, pourra par *l'actio empti* forcer le vendeur à reprendre cet objet. Le juge doit rendre une décision *ex œquo et bono, ut inter bonos agier oportet*. La rescision du contrat est la meilleure satisfaction qu'il puisse donner à l'équité : L. 11 § 1 et 5 de act. empti et venditi. 19, 1 ; — 5 C. de rescind. vendit. 4. 44.

Si la victime du dol le préfère, elle peut, maintenant le contrat, demander la réparation du préjudice par des dommages intérêts simplement : L. 13 § 27 et 28. 19. 1. — Arg. L. 62 § 1. de contrah empt. 18. 1. Mais l'auteur du dol ne devra pas rester indéfiniment exposé à l'alternative de la partie lésée ; il a le droit de la forcer au choix (1).

Nous avons toujours raisonné dans l'hypothèse d'un *dolus dans causam*. S'il ne s'agissait que d'un *dolus incidens*, l'action du contrat serait employée non pas pour obtenir la rescision mais pour réclamer des dommages intérêts.

Noodt a prétendu que même dans l'ancien droit civil le dol

---

(1) Molitor. Du dol. pag. 153.

entraînait la nullité des contrats de bonne foi. Nous ne pensons point que cette opinion soit juste ; elle assimile sans raison le droit ancien au droit classique. Il est vrai que rien n'est aussi contraire à l'équité que le dol et que l'équité règle l'exécution des conventions *bonæ fidei*. Mais l'application générale de la bonne foi dans ces contrats ne dût certainement pas autoriser une action contre eux basée sur un fait précis de dol. Une déclaration de l'édit devait être nécessaire pour élever au rang de cause de rescision ce qui n'était avant qu'une des formes multiples et indéterminées de la mauvaise foi.

Une controverse très-vive a été soulevée sur le point de savoir si le dol, au lieu de rendre simplement rescindable le contrat *bonæ fidei*, ne le rend pas nul *ipso jure*, absolument nul et inexistant. Nous sommes entièrement du côté de la négative. Nos adversaires se fondent sur divers textes : lois 7 pr. h. t. — 3 § 3. pro socio. 17. 2. — 57 eod. tit. — 5 § 2. de auct. et cons. tut. vel curat. 26. 8. — 1. C. de rescind. vendit. 4. 44. Dans ces lois on trouve employées par les jurisconsultes des expressions telles que « nullam esse venditionem » ; « societas nullius momenti est », à propos de contrats entachés de dol. On en conclut à la nullité complète de ces contrats, à leur inexistence absolue. Il est facile de les interpréter autrement ; et notre interprétation est d'autant plus sûre qu'elle explique les textes par les principes où elle les fait rentrer au lieu de les en faire sortir. En quel sens faut-il traduire les expressions ambigües des prudents ? en un sens qui soit conforme aux principes. Or les principes nous disent que le dol ne supprime pas le consentement et le vicie seulement. Donc le contrat n'est pas nul, inexistant, mais annulable. S'il est *nullus, nullius momenti,* c'est en ce sens qu'il ne sera pas nécessaire d'employer contre lui l'action ou l'exception de dol, et qu'il suffira de l'attaquer par l'action même qui naît de la bonne foi du contrat ; en ce sens qu'on peut tirer des lois mêmes de la bonne foi présidant à l'acte l'origine de sa nullité et de son inefficacité. Ne serait-ce pas précisément violer ces lois que de se prononcer pour une nullité absolue qui permettrait à l'auteur du dol de réclamer contre un contrat qu'il a entaché lui même de ce vice.

Des arguments de texte s'ajoutent à ces raisons de principes. La loi 13 § 27 et 28 de act. empt. et vendit. 19, 1 suppose que la personne coupable du dol est liée par le contrat si l'autre partie veut le laisser subsister et s'en prévaloir. La loi 5 § 2, de auct. et consens., tut. et curat. 26. 8 admet la ratification : sane... si comprobaverit emptionem, contractus valet. Or, on ne ratifie pas un contrat absolument nul. Enfin la loi 19 de Novat. et deleg. 46. 2 et la Consultatio veteris Icti 9. 9 indiquent que l'obligation née d'un contrat *bonæ fidei* entaché de dol peut être viciée.

Mühlembruch admet le système que nous venons d'exposer, mais il en excepte quelques cas particuliers. Les solutions qu'il donne dans ces hypothèses ayant les mêmes fondements que l'opinion combattue par nous doivent tomber avec elle.

Nous avons supposé jusques à présent le dol commis par l'un des contractants et par un seul d'entr'eux. Nous verrons à propos de *l'actio doli* ce qu'il en est quand le dol a été commun aux deux parties.

Quand le dol a été l'œuvre d'un tiers, nous savons que la victime ne peut avoir action ni exception pour cette cause contre le cocontractant et à l'effet d'attaquer la convention. Mais on donnera *l'actio doli* contre l'auteur du dol à l'effet d'obtenir de lui des dommages intérêts : L. 8. h. t. — L. 2. de proxenet. 50. 14. A moins toutefois qu'en vertu du contrat lui même la personne atteinte par le dol ne puisse se faire indemniser par la partie qui a profité du dol d'autrui. C'est une conséquence du caractère subsidiaire de l'action de dol.

Paul présente l'application de ces règles dans la loi 18. § 3. h. t. : un tiers a pesé avec de faux poids des marchandises objet d'un contrat sans que le pesage par cette tierce personne eût été une des clauses de la convention. Si l'acheteur a été avantagé par ce pesage frauduleux le vendeur aura contre lui la *condictio indebiti*. Dans le cas inverse l'acheteur aura *l'actio empti* pour se faire fournir le complément du poids véritable. Dans ces deux cas, il n'y aura pas lieu à action de dol contre le tiers qui cependant s'est rendu coupable de manœuvres dolosives en affirmant qu'il pesait avec des poids véritables et exacts. L'action serait cependant donnée si la partie à actionner en vertu du contrat était insolvable, car « is nullam videtur actionem habere cui propter inopiam adversarii inanis actio est. » L. 6. h. t.

Outre les divers moyens que nous avons vus en jeu, il y a

encore celui de la *restitutio in integrum*. Nous en parlerons après avoir donné quelques notions complémentaires sur *l'actio* et sur *l'exceptio doli*.

ACTIO DOLI. — Action prétorienne, personnelle, a pour caractères principaux d'être infamante, arbitraire, temporaire.

L'infamie qu'elle entraîne en cas de condamnation lui attribue une gravité exceptionnelle d'où dérivent de nombreuses conséquences.

Dans ses conditions d'exercice d'abord. Il faut : 1° que la preuve du fait dolosif soit basée sur des éléments certains et précis ; 2° que le préjudice causé ne soit pas inférieur à deux aurei ; 3° que la victime du dol n'ait pas d'autre action. L'action de dol est essentiellement subsidiaire. Si une autre action est possible on devra s'en servir car ce n'est qu'à la dernière extrémité qu'on doit menacer un adversaire de l'infamie. Quoniam famosa actio non temere debuit a prœtore decerni ; L. 1 § 4. h. t. Mais si l'autre action possible était également infamante on aurait la faculté d'employer *l'actio doli*.

Qui peut l'exercer. La partie lésée ; ses héritiers à qui elle est transmissible. Des fins de non recevoir seront en certains cas opposables à la victime du dol : 1° quand elle aura déféré le serment à l'adversaire. Il y a là une sorte de transaction, de l'avis de Pomponius, Marcellus et Paul. Si plus tard on découvre qu'un parjure a été commis, le demandeur aura à s'imputer la confiance dont il a été dupe ; on infligera la peine du parjure à celui qui a juré, mais l'action de dol est perdue ; 2° Si le demandeur n'a pas ignoré le dol du contractant ; 3° de même s'il s'est rendu de son côté coupable de dol envers l'autre partie. Le demandeur sera repoussé par une *exceptio doli* à laquelle il ne pourrait opposer une *replicatio* : adversus doli exceptionem doli replicatio non datur. L'équité veut qu'on admette une sorte de compensation entre ces deux personnes également coupables. Le *statu quo* est maintenu. In pari causâ mélior est causa possidentis. La loi 36 h. t. est formelle sur notre question.

Contre quelles personnes. Contre l'auteur du dol, même impubère, s'il est déclaré avoir conscience de ses actes. Contre les héritiers, mais seulement jusqu'à concurrence de l'enrichissement que leur a procuré le dol : quatenus ad eos pervenerit ; L. 17 § 1 ; 26, 27, 28 ; h. t. Pour cette raison l'action devient perpétuelle contre eux : calculi ratione potius quam maleficii in perpetuum tenentur. L'action cesse d'être une *actio doli* infamante, ce n'est plus qu'une *actio in factum* accordée sans connaissance de cause.

D'autres personnes quoique n'ayant pas commis le dol peuvent semblablement être poursuivies en raison du profit qu'elles en ont retiré : les pupilles pour le dol de leur tuteur agissant en cette qualité ; L. 15 pr. h. t. ; les municipes pour le dol de leurs administrateurs ; L. 15 § 1. h. t. ; les décurions sont eux mêmes responsables du dol de leurs collègues. Le mandant est dans des conditions identiques responsable du dol du mandataire.

Le caractère infamant de *l'actio doli* interdisait de l'intenter contre les personnes à qui on devait du respect, telles que : les ascendants, les patrons, les gens élevés en dignité à l'égard des demandeurs de condition plus humble. L'action *in factum* permettait de tourner la prohibition. Au lieu de qualifier de dol, le fait coupable, on le racontait simplement en tête de la formule et on attaquait par ce moyen déguisé. Cette action pouvait être dirigée contre les héritiers des personnes que nous venons de voir, conformément aux règles ci-dessus.

Nous devons faire ressortir ici le principe capital du procédé juridique contre le dol. Les explications précédentes ne le démentent point ; le préteur ne donne l'action de dol que contre l'auteur même des manœuvres dolosives, *in personam*. A ceux qui se plaignent d'avoir été victimes de pareils artifices, il dit : désignez moi le nom du coupable. Et quand ils l'auront nommé, le magistrat leur délivrera contre lui et contre lui seul une action dont la formule indiquera son nom dans *l'intentio* : « Si paret dolo malo *Numerii* factum esse ut Aulus fundum Cornelianum Titio (ou bien Numerio) mancipio daret (ou autres faits semblables) nisi arbitratu tuo *Numerius* Aulo rem restituet, quanti ea res erit *Numerium* Aulo condemna ; si non paret absolve ».

Il faut que le nom figurant dans *l'intentio* pour faire connaître l'auteur du dol reparaisse dans la *condemnatio* car c'est l'auteur du dol seul qui peut être poursuivi et condamné.

Nous avons ici en procédure l'explication de la première des conditions exigées pour que le dol vicie le contrat : il faut qu'il émane du cocontractant lui même. Pourquoi ? parce que s'il vient d'un tiers, on n'a d'action de dol que contre ce tiers. La convention ne sera donc pas attaquable pour vice de dol ; le consentement est censé ne pas y avoir été vicié.

Nous chercherons plus tard s'il est possible de justifier cette particularité par un motif rationnel.

Puisqu'on ne peut actionner pour cause de dol que celui qui l'a commis ; puisqu'on ne peut faire rescinder l'acte dans lequel le cocontractant a profité du dol d'un tiers, on ne pourra *a fortiori* avoir une action contre les tiers possesseurs qui détiendraient entre leurs mains la chose objet de la convention dolosive. — L. 4 § 33. de dol. mali et met. excep. 44. 4.

La simple lecture des cas où nous avons vu poursuivre une autre personne que l'auteur du dol suffit à prouver qu'ils ne dérogent aucunement à la règle que nous venons d'exposer.

**Pouvoirs du juge.** *L'actio doli* était arbitraire; Instit. de act. § 4. L'auteur du dol ne devait donc être condamné que s'il se refusait à donner au demandeur la satisfaction arbitrée par le juge. Cette satisfaction était la remise de la chose qui avait fait l'objet du contrat ou le *id quod interest* quand la restitution n'était plus possible; L. 18 § 1 et 4. h. t. En cette dernière hypothèse le serment du demandeur devait fixer l'évaluation. Mais le juge avait le droit de la modérer : officio judicis debet taxatione jusjurandum refrenari. L. 18 pr. h. t.

L'action de dol ne pouvait entraîner condamnation qu'à la valeur simple du litige et non au quadruple comme l'action *quod metus causâ*.

**Extinction.** Après une année utile dans le droit des Pandectes à compter non pas de la découverte du dol, mais du jour où il a été commis. La constitution 8 au Code, 2. 21 porte à deux années continues le délai de prescription.

À l'expiration de ce laps de temps, le coupable est encore tenu à réparation, mais seulement par *l'actio in factum* et quatenus locupletior factus est ; L. 28, 29, 30. h. t.

La partie trompée peut ratifier l'acte où s'est produit le dol à son préjudice. Elle peut renoncer à l'action pourvu qu'elle le fasse en pleine connaissance de cause ; L. 6. C. de legib. 1. 14.

EXCEPTIO DOLI. — Elle est perpétuelle et *rei cohærens*. Elle n'est point infamante. Ses conditions d'exercice sont les mêmes que celles de l'actio. Elle est donnée aux mêmes personnes et contre les mêmes personnes. Ainsi elle se différencie de *l'exceptio metus causâ* qui est *in rem scripta*, par sa formule qui au contraire est *in perso-nam*, et doit désigner spécialement la personne du demandeur coupable de dol : si in ea re nihi dolo malo actoris factum est.

Le juge apprécie s'il y a eu dol. Il est guidé dans cette estimation par son équité. En rédigeant la formule *in factum*, c'est-à-dire en spécifiant le fait qu'on reproche à l'auteur des manœuvres au lieu de se contenter de l'expression générale *nihil dolo malo*, on se soustrait à une indulgence possible dans l'appréciation du dol.

A côté de l'exception de dol dont nous venons de parler et qui suit les règles de l'action du même nom, on distingue l'exception de dol générale. Celle-ci est accordée à quiconque veut repousser une action au nom de l'équité. Elle ne suppose pas des faits de dol tels que nous les avons définis. Elle peut concourir avec d'autres exceptions.

RESTITUTIO IN INTEGRUM. — C'est le moyen le plus énergique employé à la protection des consentements viciés. *L'exceptio doli* suppose le contrat non exécuté encore ; le créancier coupable de dol exige-t-il l'exécution ? on lui oppose l'exception, et les effets du contrat sont annulés. La convention n'a pu sortir à effet, son action étant paralysée. *L'actio doli* n'est en quelque sorte qu'une action en dommages intérêts. Celui qui l'exerce se présente comme créancier. Il est vrai, que l'action étant arbitraire, le demandeur pourra quelquefois obtenir non pas simplement une condamnation pécuniaire mais la restitution de l'objet du contrat. Il faut se rappeler cependant que dans beaucoup de cas on ne saurait contraindre l'adversaire par la *manus militaris* à cette réparation. Le demandeur sera donc réduit à l'obtention de dommages intérêts, et si le défendeur est insolvable la victime du dol se verrait sans aucun secours.

Supposons encore que l'objet du contrat soit passé aux mains de tiers détenteurs, la personne trompée, avec son *actio doli* ne pourra encore arriver qu'à des indemnités en espèces. Cette action n'était donc qu'un moyen bien insuffisant.

La *restitutio* est une fiction par laquelle le préteur en vertu de son *imperium* tient pour non avenu l'acte juridique entaché de dol. En conséquence, le préteur reconnait au restitué les droits qu'il aurait si la convention n'avait pas été faite.

Le contrat est rescindé. Tout ce qui est une suite du contrat dolosif tombe avec lui. Tandis que les actions personnelles résultant du dol ne permettaient d'agir que comme créancier, la *restitutio* autorise celui qui en bénéficie à se présenter comme propriétaire.

La *restitutio* est un *ultimum subsidium*, elle n'est accordée que si l'on n'est pas protégé par un autre moyen de droit ordinaire. Ainsi, dit Keller, Traité des actions chap. IV. § 79, n° 2 « si la restitutio était demandée contre le tiers *ad quem res pervenerat*, elle ne passait qu'après *l'actio doli*, le tiers étant en droit d'exiger en pareil cas, que l'auteur du dol fût poursuivi avant lui. »

Nous dirons un mot, à la fin de notre étude de Droit romain des conditions générales d'exercice de la *restitutio*.

# CHAPITRE TROISIÈME

# METUS

Ce vice que le Code civil désigne par le nom de sa cause
est mieux qualifié au Digeste par son vrai nom : la crainte.
Le titre 2 livre IV a pour titre « quod metus causa gestum
erit. » Cette rubrique est la reproduction de la phrase même
qui fut introduite dans l'édit du préteur pour protéger les
contractants contre la violence. « Ait pretor « quod metus
causa gestum erit, ratum non habebo ». L. 1. h. t. L'album
portait primitivement « quod vi metusve causâ, » mais
Ulpien observe qu'on dût supprimer le mot de violence
« quia quodcumque vi atroci fit, id metu quoque fieri
videatur. » Nos jurisconsultes n'auraient peut-être pas mal
fait d'adopter une pareille terminologie.

Les lois romaines sur la violence (nous employons ce mot
pour nous conformer à l'usage universel), ont été célébrées
par des moralistes et des commentateurs enthousiastes de
l'immense progrès qu'elles introduisaient dans la législation,
en écrasant la force sous l'autorité du droit. Balde dans
l'ardeur de son admiration déclarait (1) que l'édit du préteur

---

(1) Arthur Duck. De auctorit. jur. civil. C. 1 n° 18. « Prœtoris edicti verba
spiritum sanctum in os prœtoris immisisse Baldus existimavit. »

sur la violence avait été dicté par le Saint-Esprit, appliquant ainsi à la lettre les paroles de St-Augustin : « leges romano-rum divinitus per ora principum emanarunt.

« Metus est instantis vel futuri periculi mentis trepidatio » L. 1. h. t. « Vis autem est majoris rei impetus qui repelli non potest » L. 2. h. t. Nous dirons pour définir d'une façon mieux appropriée à notre matière, que la violence est toute contrainte exercée sur une personne dans le but de l'amener à donner son consentement.

La violence peut se manifester de deux manières diffé-rentes. Soit en menaçant ou en frappant un individu d'un certain mal, soit en le contraignant directement à un acte en forçant ses organes à l'accomplir.

Dans ce dernier cas nous trouvons ce que les commentateurs appellent : *vis absoluta*. Un malfaiteur tenant la main d'un homme sans défense lui fait signer un engagement. Cette sorte de violence exclut absolument tout degré de vouloir. Il n'y a qu'une fausse apparence de consentement, soutenue par un signe extérieur matériel, résultant du jeu passif des organes, non de l'activité morale.

Dans la première hypothèse où la violence est qualifiée de *vis compulsiva*, nous avons au contraire un véritable consen-tement. Celui qu'on menace de mort ou d'autre mal s'il ne signe pas, fait un choix ; il accepte le contrat plutôt que de subir le mal dont on le menace. On constate là un acte réel de volonté quoique produit par un mobile défectueux. Certainement la volonté n'est point parfaite puisqu'elle ne résulte pas d'une détermination spontanée, mais à un point

de vue absolu le libre arbitre subsiste. La preuve, c'est que
de l'aveu de tous il y a responsabilité morale, si sous l'influence de la violence on fait une action répréhensible. « Un
chrétien était coupable, dit Barbeyrac, (1) lorsqu'il sacrifiait
aux idoles quoiqu'il y fût contraint par la crainte de la
mort et des supplices ». « Coactus voluit », dit Paul, L. 21 § 5
h. t. ; et la philosophie stoïcienne qui l'inspire nous paraît
avoir le sens véritable de l'effet psychologique de la crainte.
« Qui mavult vult » ajoutent les glossateurs. Il y a vice de
consentement, non absence de consentement, et c'est avec
raison que les jurisprudents au lieu de déclarer le contrat
absolument nul donnent seulement une action pour combattre
le vice.

Certains ont blâmé la loi romaine et le code civil qui l'a
suivie. D'après eux, même au cas de *vis compulsiva*, il y a
plus qu'un vice de volonté, il y a inexistence absolue de cet
élément primordial des conventions. Ils en concluent que
les prudents auraient dû déclarer le contrat absolument nul :
« celui, dit Vernet (Textes choisis sur les obligat. pag. 238),
qui en pareille circonstance fait un choix, choisit évidemment
entre deux choses également éloignées de ses désirs ; il ne
voudrait ni l'une ni l'autre, et venir dire qu'il a voulu puisqu'il a préféré ressemble fort à une plaisanterie. » Les
observations que nous avons présentées nous semblent
réfuter cette doctrine. Elle peut séduire une attention super-
ficielle, mais l'esprit philosophique la condamne.

---

(1) Cité par Pothier. Obligat. violence. n° 23.

Nous n'avons à nous occuper que de la violence compulsive.
Comme pour le dol voyons d'abord les

*Conditions exigées pour que la violence vicie l' contrat;*

en second lieu les

*Voies de droit contre la violence.*



# Conditions exigées pour que la violence vicie le Contrat.

I. La loi 6 h. t. exige que la violence soit de nature à faire impression sur un homme très-courageux : « metum autem non vani hominis, sed qui merito et in hominem constantissimum cadat, ad hoc edictum pertinere dicemus. » Cette exigence était non seulement peu équitable mais encore peu logique. La loi 184 De regulis juris. 50. 17 dit : vani timoris justa excusatio non est. Cette loi semble rattacher la protection contre le vice de crainte au grand principe d'excusabilité qui n'est qu'une des formes d'un principe plus grand encore : celui de la responsabilité humaine. Le jurisconsulte parait dire : nous vous protègerons quand votre crainte sera excusable, quand vous ne serez pour ainsi dire pas responsable de l'entrainement où elle vous aura jeté. Était-il donc logique d'apprécier la responsabilité d'un individu en examinant pour la juger non si son propre caractère avait dû en être influencé, mais si l'impassibilité d'un homme très-courageux s'en serait laissée émouvoir. Cependant la loi 6 est formelle. Nous nous soumettons à sa décision.

II. Il faut que la crainte soit causée par un mal considérable· La loi 5 h. t. le déclare : « metum accipiendum Labeo dicit, non quemlibet timorem sed majoris malitatis. » Le Digeste contient une foule d'espèces (1) qui donnent la mesure de ce qu'on entendait par cette « *major malitas.* » Des faits ou des menaces peuvent la constituer. La crainte de la mort, de tourments dont on nous menace, la crainte de la servitude ; autant de causes viciant le consentement.

La crainte de l'infamie n'est point considérée par les textes comme pouvant donner lieu à l'action de violence : L. 7 h. t. Mais la crainte d'un *stuprum,* d'un déshonneur est suffisante d'après la loi 8 § 2. Il n'y a pas d'antinomie. La première de ces lois, dit Molitor, fait allusion « à la menace d'injurier, de calomnier. Le jurisconsulte a probablement pensé qu'il n'est pas au pouvoir de celui qui menace de nuire à la réputation de la personne contre qui on ne peut invoquer aucun fait de nature à la compromettre. » Dans la loi 8 il est au contraire fait allusion à un attentat aux mœurs tel que ceux dont parle la loi 20 Code. ad leg. Jul. de adulteriis.

Quand la *major malitas* existera, nous ne distinguerons pas si la crainte qui en résulte est *metus causam dans* ou *metus incidens.* Quelques auteurs ont voulu appliquer ici cette distinction admise pour le dol. Mais elle est repoussée par

---

(1) L. 3 § 1. — 7 § 1 — 8 pr et 2. h. t.; — L. 3. ex quib. caus. maj. vigint. annis restituuntur 4. 6 ; — L. 13 Code de trans. 2. 4 — 7 de his quœ vi met. causâ 2. 20.

les termes de l'édit qui ne distinguent rien. Le code renferme
d'ailleurs une loi, la loi 5, de his quœ vi met. causâ, 2. 20
qui prononce la rescision pour une violence exercée dans
l'intention de vendre à un moindre prix.

Mais il faut que la violence ait eu pour but d'amener la
personne contre laquelle on l'a commise à s'engager. Dans
ce que nous appellerons en droit français les cas de force
majeure, quand l'obligation a été contractée à l'occasion
d'une violence seulement et sans que le coup de force
ait eu lieu dans l'intention de la déterminer ; dans cette
hypothèse le préteur ne délivre pas l'action *metus causâ* :
« si quo magis te de vi hostium, vel latronum, vel
populi tuerer, vel liberarem, aliquid a te accepero..... non
debere me hoc edicto teneri... si alienus sum a vi....,
ego enim operœ potius meœ mercedem accepisse videor. »
L. 9 § 1. h. t.

Cette disposition n'est pas contredite par la loi 7 du même
titre : « si quis in furto vel adulterio deprehensus vel in alio
flagitio vel dedit aliquo vel se obligavit; Pomponius recte
scribit posse eum ad hoc edictum pertinere... » Ici, il y a
sans doute eu tout d'abord une crainte produite par une
violence qui n'avait pas pour but une obligation quelconque
qui n'avait d'autre but que la protection de l'honneur ou
des biens. Mais il est certain qu'au moment où l'engagement
a été pris la violence avait changé de direction : elle ne
tendait plus à une défense légitime, le vol ou l'adultère
étaient acceptés et toute l'influence brutale de la situation
était portée vers un résultat unique : forcer la personne
surprise à consentir.

Il faut que la violence soit injuste : « vim accipimus... eam quœ adversus bonos mores fiat » dit la loi 3 § 1 h. t. Il est évident qu'on ne considérera point comme violence la force employée par les magistrats pour contraindre les citoyens à leurs obligations. Cette décision est aussi appliquée entr'autres espèces par la loi 12 § 2, au créancier qui use de la violence vis à vis de son débiteur pour être payé : « non videtur vim facere qui suo jure utitur... »

III. Nous avons dit que la violence pouvait consister simplement en menaces. Il n'est donc pas nécessaire que le mal soit présent : « metus est instantis *vel futuri* periculi... » Mais les lois veulent que la crainte soit présente : « metum autem prœsentem accipere debemus, non suspicionem inferendi ejus. « L. 9. h. t. L'opposition qu'il y a dans cette phrase entre les mots *suspicio* et *metus prœsens* précise le sens de cette dernière expression : elle exprime que pour que le contrat soit vicié il faut une crainte réelle, actuelle, produite par un fait précis et non pas seulement le soupçon d'un mal possible, la conjecture qu'on peut être atteint d'un certain mal. La loi 10 au Code, de his quœ vi met. causâ, 2. 20 ne regarde pas comme troublé le consentement donné à une vente faite dans la crainte d'une accusation non portée. Notre règle ne doit cependant pas être interprétée d'une façon rigoureuse : souvent on pourra voir un cas véritable de *metus prœsens* là où dans une autre espèce il n'y aurait qu'une *suspicio*.

Sera une simple *suspicio* la crainte qui n'aura point pour cause un fait d'autrui. Tous les textes le supposent :

loi 9 pr. — 14 § 3 h. t. La loi 155 pr. de regul. juris 50. 17 énonce le principe : « factum cuique suum non adversario nocere debet. » La loi 21 pr. h. t. fournit un exemple de notre idée : « si mulier contra patronum suum ingrata facta sciens se ingratam, cum de suo statu periclitabatur, aliquid patrono dederit vel promiserit ne in servitutem redigatur, cessat edictum quia hunc sibi metum ipsa infert. » On ne protège pas cette crainte, qui n'a point encore pour cause une menace d'autrui.

Pothier, entraîné par l'habitude qui veut qu'on désigne par l'expression de violence le vice de crainte, a traduit par le mot *violence* le mot *metus* de la loi 9. Il s'est donc complétement trompé sur la condition dont nous nous occupons. En exigeant comme il le fait (1) que la violence soit présente, qu'on soit menacé d'endurer le mal sur le champ, il s'est éloigné de l'équité.

Nous avons achevé de parcourir les conditions exigées pour que la violence vicie le consentement. Voyons quelques idées accessoires.

Par qui doit-elle être commise. Nous expliquerons à propos de l'action *quod metus causâ* qu'on n'a pas à rechercher si la violence a été commise par celui qui a profité de l'acte entaché de vice ou par une autre personne.

La crainte révérentielle qu'inspire le père ne serait pas un vice dans le sens de l'édit : L. 21 et 22 de ritu Nupt. 23. 2 ;

_______

(1) Obligations N° 25.

—L. 4 de regul. juris. De même pour la crainte révérentielle de la femme à l'égard de son mari : leg. ult. Si quis aliq. test. prohib. 29. 6 ; — pour le respect que commande une personne élevée en dignité : L. 6. C. h. t. Mais des solutions inverses sont données si ces personnes ont excédé les bornes de leur autorité et ont inspiré une véritable crainte. La loi ci-dessus citée leg. ult. si quis..... 29. 6. réserve expressément le cas où il y aurait eu violence : « qui non per vim. » Honorius et Théodose dans la loi 12 Code h. t. disent « venditiones, donationes, transactiones quœ per potentiam extortœ sunt prœcipimus infirmari. »

. Sur qui doit-elle être commise. Il n'est pas nécessaire qu'elle l'ait été sur la personne même de l'obligé. La loi 8 § 3 dit : « nihil interest in se quis veritus sit an in liberis suis ; cum pro affectu parentes magis in liberis teneantur. »

SECTION DEUXIÈME

# Voies de droit contre la violence.

Dès l'époque de Sylla, le préteur Octavius avait protégé le consentement contre la violence dans une hypothèse spéciale. Il donnait une action *metu* dans le cas où on s'était fait remettre avec l'aide de la violence la chose d'autrui. Depuis dans les autres cas, on se servait des actions et des exceptions de dol qu'avait créées Aquilius Gallus. En effet, le dol est contenu dans la violence : L. 14 § 13 h. t. La violence est plus criminelle que le dol : la protection contre celui-ci suppose donc la protection contre celle-là.

Dans les contrats de bonne foi, l'équité de la protection contre le dol et la violence ayant été reconnue, il entrait désormais dans les pouvoirs du juge appréciateur *ex æquo et bono*, de tenir compte de la violence quand on attaquait pour cette cause les contrats en vertu même des actions du contrat. Mais la théorie de la violence n'avait pas encore une existence propre.

Le préteur Cassius (1) (arg. L. 4 § 33. de doli et met. except. 54. 4) créa l'action et l'exception *metus causâ*. Outre ces deux moyens, la victime de la violence a encore une *restitutio in integrum* pour cause de crainte.

Nous voyons apparaître dans l'action et l'exception nouvelles un principe capital qu'il faut mettre en lumière avant d'entrer dans les détails.

Le sentiment de l'équité avait amené le préteur à créer une action contre le dol. Mais cette voie de droit atteignait plutôt la personne coupable des manœuvres dolosives que le contrat lui-même. Les individus qui n'avaient point participé au dol ne pouvaient être actionnés. C'était sans doute assez équitable vis à vis d'eux puisqu'ils étaient innocents de tout acte répréhensible. Mais la protection de la loi était souvent imparfaite. Quand le dol n'avait pas été l'œuvre du

---

(1) Les origines de l'action et de l'exception quod metus causâ sont très-controversées. Maynz 2 § 203 et Keller note 919 les attribuent à Octavius.

cocontractant, la convention était maintenue ; et quand l'objet du contrat avait passé à un tiers détenteur *l'actio doli* n'était point accordée contre celui-ci. Ce moyen était donc un palliatif plutôt qu'un remède radical.

Le caractère odieux de la violence, le danger permanent qu'elle soulève contre la sécurité publique engagèrent le préteur à procéder contre elle par des voies de droit plus larges. La formule de *l'actio doli* fut conçue dans des termes généraux : *generaliter aut in rem scripta*. Il ne fut plus nécessaire d'indiquer dans *l'intentio* le nom de l'auteur de la violence que la *condemnatio* mentionnait ensuite pour le frapper. Il suffit que *l'intentio* allègue d'une façon générale une violence : « Lucius judex esto. Si paret metus causa factum esse ut.... » pour que le juge condamne la personne qui a extorqué le contrat, ou qui se trouve nantie de la chose qui fut l'objet de la convention. En un mot, au moyen de cette formule conçue *in rem* non *in personam*, on atteint quiconque a profité de l'acte entaché du vice de crainte.

Ulpien donne de l'innovation prétorienne une raison souvent rappelée par les auteurs : « in hac actione non quœritur utrum is qui convenitur an alius metum facit ; sufficit enim hoc docere metum sibi illatum, vel vim ; et ex hac re eum qui convenitur, etsi crimine caret lucrum tamen sensisse ; nam cum metus habeat in se ignorantiam, merito quis non adstringitur ut designet quis ei metum vel vim adhibuit. » L. 14 § 3 h. t. Ainsi d'après Ulpien, si on accorde *l'actio quod metus causâ* contre toute personne qui a retiré un bénéfice de la violence « Lucrum sensisse » c'est parce qu'on ne pourrait désigner l'auteur de l'attentat qui presque toujours se déguise ou échappe à la vue de la victime terrifiée. On attaque donc *generaliter aut in rem* ne pouvant attaquer *in personam*.

M. Vernet, Textes choisis sur les obligations, critique avec assez de justesse, ce nous semble, le motif donné par Ulpien : « Si, dit-il, ce motif était la véritable raison de cette différence entre le dol et la violence, on devrait se borner à admettre par voie de présomption légale que la personne avec qui a contracté la victime de la violence est auteur ou complice de cette violence ; mais on devrait lui réserver la preuve contraire et ne pas annuler le contrat si cette preuve contraire est faite. Or les jurisconsultes romains vont plus loin ; ils prononcent l'annulation alors même qu'il serait bien établi que l'auteur de la violence n'est pas le cocontractant de la victime et que ce cocontractant n'en est pas le complice. » Jusqu'ici nous ne saurions qu'applaudir aux critiques de M. Vernet.

Mais quand il essaie lui-même de remplacer l'explication d'Ulpien par une autre, nous le critiquons à notre tour. D'après lui la véritable raison de la différence entre *l'actio doli* et *l'actio quod metus causâ* est que le dol n'est point un obstacle au consentement, tandis que la violence supprime la volonté d'une manière absolue. D'où il conclut que si on peut agir contre toute personne en raison de la crainte, c'est très rationnellement qu'on ne peut agir au contraire que contre le coupable en raison du dol, le cocontractant innocent de manœuvres dolosives pouvant répondre : « vous avez en réalité consenti au contrat ; si c'est par suite de suggestions trompeuses « ce n'est pas à moi à souffrir de la trop grande confiance que vous aviez placée en une personne qui ne la méritait pas ; agissez contr'elle par l'action *de dolo.* »

Après ce que nous avons dit dans notre introduction, nous nous croyons dispensé de réfuter l'opinion qu'émet M. Vernet quand il dit que la violence supprime le consentement. La vérité, selon nous, est que le préteur en raison du caractère particulièrement dangereux de la violence a pris contre elle des mesures plus énergiques que contre le dol. Nous nous proposons d'ailleurs de démontrer en droit français qu'on n'aurait pas dû faire de différence à notre point de vue entre le dol et la violence.

Comment s'exerce la protection de l'édit ? — Dans les *contrats de droit strict* par *l'exceptio* ou *l'actio quod metus causâ,* selon que le contrat n'a pas été ou a été déjà exécuté. La loi 9 § 3 h. t. déclare même qu'avant toute exécution on peut intenter l'action *quod metus causâ.* Nous verrons dans un instant la réglementation de l'action et de l'exception.

Dans les *contrats de bonne foi,* l'action même du contrat suffirait, mais l'action *quod metus causâ* est plus avantageuse. On l'emploîra donc généralement ; on le peut, car elle n'est pas subsidiaire.

Quelques auteurs, en Allemagne surtout (Glück, Thibault), ont voulu démontrer que le contrat de bonne foi dont la violence a été la cause déterminante, est, non seulement sujet à être attaqué comme vicié, mais est tout à fait nul et inexistant. Nous sommes peu habitués à voir les Allemands soutenir la nullité des contrats arrachés par la force, eux, chez qui il a été affirmé qu'elle primait le droit. Aussi sommes-nous étonnés de les voir aller plus loin que la théorie philosophique du vice du consentement ne le veut et déclarer le contrat de bonne foi absolument nul dans notre hypothèse. Les textes ne les y autorisent point. C'est en vain qu'ils essaient d'interpréter en leur faveur ceux qui pourraient se prêter au doute. Leurs efforts sont anéantis par la simple lecture des nombreuses constitutions qui exigent pour obtenir la rescision du contrat de bonne foi consenti sous la pression de la crainte, un recours au juge par l'action même du contrat, ou par *l'actio quod metus causâ*, ou par la *restitutio in integrum*. Il ne serait pas question de ces moyens si la convention était absolument nulle : L. 13 C. de transact. 2. 4. — 3, 4, 5, 7, 8, 11 et 12. C. h. t. — 1 et 8. C. de rescind. vendit. 4. 44. — 10. C. de distr. pig. 8. 28. — La loi 4. h. t. d'autre part suppose la ratification : « si per vim vel metum mortis venditio à vobis extorta est, et non postea eam consensu corroborastis. » Comment expliquer cette loi si le contrat était tout à fait inexistant.

ACTIO QUOD METUS CAUSA. — Action prétorienne, personnelle, arbitraire.

Ses conditions d'exercice sont moins sévères que celles de l'action de dol. Elle est accordée à toute personne qui allègue un fait de violence ayant vicié un contrat, quelque minime que soit l'intérêt ; lors même que cette personne aurait une autre action ; car *l'actio quod metus causâ* n'étant pas infamante, on ne met pas tant de scrupule à la donner.

**Qui peut l'exercer.** La partie lésée ; ses héritiers ; ceux qui ont simplement cautionné l'obligation principale lors même qu'ils s'y seraient adjoints eux mêmes et sans violence. L. 14 § 6 et 8 h. t.

**Contre quelles personnes.** Non seulement contre l'auteur de la violence, mais encore contre toutes les personnes qui possèdent la chose obtenue par la crainte, contre tous ceux qui ont profité des actes d'intimidation : cocontractant et autres. C'est ici que nous trouvons la grande différence de notre action avec *l'actio doli*, différence que nous avons déjà signalée et étudiée. Nous savons aussi que l'on caractérise cette particularité en disant que *l'actio quod metus causâ* est *generaliter aut in rem scripta.*

On peut l'exercer contre les héritiers de celui qui a commis la violence, mais seulement « quatenus ad eos pervenire videtur. » L. 16 § ult. h. t. ; contre le maître de l'esclave coupable du fait de pression. L. 16 § 1. Il y aura lieu à notre voie de droit « sive singularis sit persona quœ metum intulit, vel populus, vel curia, vel collegium, vel corpus. » L. 9 § 1. h. t.

**Pouvoirs du juge.** L'action *metus causâ* est arbitraire. *L'arbitrium de restituendo* qui forme ici l'attribution du juge par sa nature très-générale comprend non seulement une restitution de fait, mais tout rétablissement d'un état de droit antérieur. Quand le défendeur n'obéira pas à *l'arbitrium judicis* il y aura lieu à une condamnation à payer la valeur quadruple des restitutions : L. 14 § 1, 4, 7, 14 h. t. — § 27. Instit. 4. 13. Dans ce quadruple est compris le simple. L'action n'est donc pénale qu'accidentellement : *ex contu-*

*macia* crescebat in quadruplum. Elle est pénale pour le triple, persécutoire de la chose pour le simple. L. 14. § 9 et 10. h. t. Au demeurant, la peine s'applique même aux possesseurs de bonne foi quand ils résistent à l'arbitrium. L. 14. § 1, 2, 3, h. t.

Les restitutions comprennent la chose « cùm omni causâ, » c'est-à-dire avec les fruits : L. 12 pr. h. t. — 21 § 2 eod. Mais en revanche on devra rendre le prix de la chose à celui qui la restitue.

Qui supportera la perte de l'objet du contrat vicié? Si le possesseur est de mauvaise foi ce sera toujours lui. S'il est de bonne foi la chose périra pour le propriétaire. Dans le cas de perte aux mains d'un possesseur de mauvaise foi, on pourra fixer par le *jusjurandum in litem* la valeur de la chose périe.

**Extinction.** L'action *metus causâ* ne peut être exercée in quadruplum que pendant le délai d'une année utile. Après ce laps de temps elle sera encore accordée, mais au simple seulement et si celui qui la demande n'a pas d'autre action. Réduite au simple, l'action durera 30 ans.

La partie victime de la violence peut ratifier les actes entachés de ce vice. La ratification peut être expresse ou tacite. Expresse ou tacite, elle doit être faite dans un moment où la violence a cessé. Autrement elle serait infectée du vice même qu'elle avait pour but de purger : L. 2 in fine C. h. t.


EXCEPTIO QUOD METUS CAUSA. — Les règles que nous avons données pour l'action s'appliquent à l'exception. Notons que le fils de famille, l'affranchi ne peuvent l'opposer àu père ou au patron d'après la L. 4 § 16. de dol. mal. et met. except. 44. 4. parce que « patroni parentisve opinionem apud bonos mores suggillet....... in factum tamen erit excipiendum. »

RESTITUTIO IN INTEGRUM. — Les avantages de l'action et de l'exception *quod metus causâ* font que cette voie est rarement employée. M. de Savigny cite deux cas où elle serà avantageuse.

Achevons, par quelques notions générales sur la restitution. Suivant la définition de Savigny, Traité de Droit romain, 8 § 316 ; c'est : « le rétablissement d'un état antérieur de droit, motivé par une opposition entre l'équité et le droit rigoureux, et opéré par la puissance du préteur qui change avec connaissance de cause un droit réellement acquis. » Pour qu'elle soit accordée, il faut : 1° qu'il y ait eu lésion ; 2° qu'on se trouve dans un des cas prévus par l'édit ; 3° qu'on ne soit pas dans une des circonstances pour lesquelles l'édit refuse formellement la restitution.

1. La lésion résulte soit de la diminution du patrimoine, soit de la transformation d'un droit certain en un droit douteux et sujet à procès ; L. 6. de min. 4. 4, soit de la privation d'acquérir des biens dont personne encore n'était investi au moment du fait sur lequel on fonde la demande en restitution. Ainsi quand on a manqué l'acquisition d'un legs ou d'une succession pour cause de dol ou de violence. C'est à la personne qui allègue la lésion à la prouver.

2. Les cas prévus par l'édit sont outre l'erreur, le dol, la

violence, trois autres cas qui sont en dehors de notre sujet.

3. Même en présence des deux conditions ci-dessus l'édit refusait la restitution : 1° S'il y avait eu délit *contra bonos mores* de la part de celui qui réclamait ; 2° Si le débiteur s'était rendu lui-même coupable de dol ; 3° Quand la loi s'oppose au rétablissement de l'état antérieur ; 4° Quand il y avait déjà un moyen de protection ordinaire comme une action ou une exception.

# ANCIEN
# DROIT FRANÇAIS

Les lois de Rome survécurent à sa puissance dans la Gaule et même au milieu de la domination des barbares continuèrent à régir les Gallo-Romains. Les Wisigoths souverains de la Loire aux Pyrénées et les Burgondes maîtres des vallées de la Saône et du Rhône admirent ce qu'on appelait le principe de la personnalité des lois, d'après lequel chaque individu devait être jugé selon la législation dont il se réclamait. Des lois romaines prises en partie au Code Théodosien furent compilées dans le *Bréviaire d'Alaric* (1) et dans la *Lex Romana Burgundiorum* (2). Le clergé qui suivait le Droit romain comme son droit propre immédiatement après le droit canonique contribuait par son autorité à prolonger l'action de la vieille législation.

Bientôt la féodalité se constitue. Le principe de la personnalité disparaît et celui de la territorialité le remplace. Les populations du nord de la France sont gouvernées par des coutumes où se sont introduits les usages venus de Germanie avec les invasions. A mesure que l'on se rapproche du Midi, l'influence romaine se fait néanmoins encore sentir. Petit à

---

(1) 506.
(2) Vers 518.

petit se trace la division en pays de coutumes où fleuriront plus tard les coutumiers et pays de droit écrit où les principes du droit romain se maintiendront.

En 1180, Placentinus fonde l'école de droit de Montpellier et y apporte de Bologne les recueils de Justinien. Depuis, de siècle en siècle s'ouvrent de nouvelles écoles qui jettent lentement la semence des idées romaines dans l'esprit des légistes. Mais les coutumes et les lois féodales ont une prééminence absolue durant cette période. La force, l'asservissement d'autrui triomphent dans la vie privée comme dans la vie publique. La théorie des vices du consentement et ses règles humaines et philosophiques n'ont pas de place dans les rares documents législatifs. L'organisation politique de la propriété et de la famille absorbe l'attention de ceux qui ont aux mains le pouvoir (1). Comment admettre d'ailleurs une protection juridique du vouloir quand le duel judiciaire est le juge sans appel des litiges et des questions de droit (2). L'érudit découvrira peut-être quelquefois un fragment enseveli où il pensera déchiffrer le souci de la volonté humaine et des causes qui l'altèrent, mais ces fragments épars et sans lien ne peuvent constituer même une ombre de théorie (3). Nous avons vainement cherché les conceptions du moyen-âge sur notre sujet dans les trois principaux monuments de la

---

(1) Laferrière. Histoire du Droit français, tome 5.

(2) Au 10ᵐᵉ siècle, la question de savoir s'il y aurait lieu à représentation dans les successions en ligne directe fut décidée dans le sens de l'affirmative par un combat singulier. — Sigebert, Chron. ad. ann. cité par Laferrière. loco. cit. Tome 4. liv, 6. ch. 1.

(3) De Labroue. De l'erreur. Prolégomènes.

législation de cette époque : les Assises de Jérusalem (1), les Établissements de Saint-Louis et le Conseil de Pierre de Fontaines (2). Les coutumes rédigées au 15^me siècle n'en portent pas de traces sensibles (3). Les capitulaires, les ordonnances sont muets. La société était remontée en arrière ; elle était revenue à cette phase de la vie des peuples que nous avons vue au début de notre thèse, phase où les relations d'autorité sont tout, où l'absence de négoce, de circulation, de rapports commerciaux, empêchant le développement des conventions empêche par cela même l'étude juridique de la volonté qui en est la source.

Cependant le Droit romain se répand peu à peu, rayonnant des écoles et pénétrant à la Cour d'abord, aux parlements ensuite. Des ordonnances de 1277 et de 1304 (4) défendaient expressément de le citer comme loi ou droit nécessaire.

---

(1) La *Cour des Bourgeois* ne contient que des détails pratiques sur les principaux contrats usités chez les négociants de Saint-Jean-d'Acre pour leur trafic avec l'Europe.

Une idée qui revient fréquemment dans les lois féodales (*Cour des Barons, Établissements*) c'est celle de la protection du mineur ou de la mineure, les « mineurs d'ans » comme on les appelait alors, contre celui qui en a la garde. Ainsi dans les Assises de Philippe de Navarre, ce dicton :

> « Ne doit mie garder l'agnel
> » Qui en doit avoir la pel. »

V^r le *Grand Coutumier de Charles VI* (Dareste et Laboulaye. 1868).

(2) Pierre de Fontaines, bailly de Vermandois, en l'an 1253. — édition J. Marnier. 1846.

(3) Il y a dans les *Institutes coutumières* de Loysel (avec les annotations de Laurière, par Dupin et Laboulaye, 1846) une note sur l'erreur de calcul, et le dicton « Force n'est pas droit. » Mais on ne peut rattacher ces passages à une théorie coutumière du consentement contractuel.

(4) Philippe le Hardi et Philippe le Bel.

Mais saint Louis lui-même dans les Établissements corroboré ses décisions de l'autorité du Digeste. Le droit des Césars devient précieux aux rois de France parce qu'il confirme leur pouvoir, l'augmente et restreint celui des seigneurs. Au 16<sup>me</sup> siècle, au milieu de la renaissance des lettres latines et grecques, la renommée de l'enseignement de Cujas achève de populariser les Pandectes sur toute la surface de la France.

Dès lors le droit écrit après être resté longtemps le droit commun des seules provinces du midi devient le droit commun du pays entier pour toutes les matières où soit les coutumes, soit les ordonnances, n'ont pas de dispositions contraires. Ce fait général est constaté dans un acte de notoriété du 20 mars 1708 : « lorsque les ordonnances ou les » coutumes n'ont pas établi de lois particulières, il est à propos » de se conformer aux décisions qui sont fondées sur les » sentiments de ces grands jurisconsultes (les jurisconsultes » romains) et sur les lois faites par les empereurs qui » doivent servir de droit commun..... Le droit civil est le » fondement de toutes les bonnes lois..... » La théorie des vices du consentement était entrée en vigueur avec cette législation romaine à laquelle elle était attachée. Ainsi son histoire dans l'ancien droit français n'est autre que l'histoire des lois romaines elles-mêmes.

A partir du 16<sup>me</sup> siècle (1), l'autorité de ces lois est définitivement fondée. Tous les ouvrages des jurisconsultes, tous les

---

(1) C'est une date approximative. — V<sup>r</sup> cependant l'ordonnance de 1510. art. 46.

récueils d'arrêts (1) font mention de l'erreur, du dol et de la violence, des conditions de leurs effets et de ces effets. Domat et Pothier, au 17me et au 18me siècles leur consacrent dans leurs œuvres des pages célèbres où les rédacteurs du Code civil ont puisé. Nous n'avons pas à faire une analyse spéciale des arrêts ou des opinions des jurisconsultes. Il n'y aurait rien dans ce travail que nous n'eussions déjà dit en droit romain ou que nous ne dussions répéter en droit français. Notre ancienne jurisprudence a pris et laissé notre théorie telle que les romanistes la lui enseignaient. On trouve seulement dans Domat et Pothier quelques critiques, quelques modifications de détail dont les législateurs de 1804 ont profité. Il faut cependant dire que les arrêts ont toujours interprété les lois romaines dans le sens le plus humain, le plus favorable à la protection du consentement. Denisart le remarque à propos de la violence : « le droit romain ne permet d'admettre une » femme au bénéfice de la restitution pour cause de crainte » que lorsque sa vie a été exposée à quelque péril ou » lorsqu'elle a essuyé quelque violence en sa personne. Mais » notre jurisprudence est moins rigoureuse. Il suffit parmi » nous que par la circonstance de l'affaire, par la qualité des » parties et le genre de l'obligation et par l'état où la femme » se trouvait on puisse juger qu'elle n'a donné son consen- » tement que comme forcée. »

---

(1) *D'Argou,* avocat au Parlement, 1664-1705 Institution au droit français. *Denisart,* Procureur au Châtelet. Collection de décisions et de notions relatives à la jurisprudence actuelle. 1757.
*Brillon.* Dictionnaire des arrêts. 1727.

Ce qu'il y eut d'original dans la renaissance de notre théorie, ce fut le procédé par lequel elle entra en application devant les tribunaux. L'introduction des causes romaines de rescision des contrats (1) amena une distinction entre les nullités qui en résultaient et qu'on appela « *nullités de droit* » et « *les nullités d'ordonnances ou de coutumes* (2). » Tandis que celles-ci donnaient une action en nullité, celles-là produisaient une action en rescision. Tandis que l'action en nullité pouvait être directement portée devant les juges compétents, l'action en rescision ne s'exerçait qu'après l'obtention des *lettres de rescision*.

Ces lettres étaient d'abord délivrées par le roi. Ce fait spécifie bien dans quelles limites on pouvait dire que les lois romaines étaient entrées dans le droit commun de la France : « on observe partout les décisions qu'il contient, dit Denisart, » non pas précisément parce qu'elles sont écrites dans le » droit romain qui ne fait loi pour nous *qu'autant qu'il plait* » *au prince*, (3) mais parce qu'elles sont fondées sur la justice » et la raison qui sont les bases de la loi universelle. » Ainsi il fallait l'agrément du prince pour opposer les vices du consentement.

Les chancelleries établies auprès de chaque parlement

---

(1) « L'existence simultanée de deux législations, vers le seizième siècle, donna naissance à cette distinction... entre les actions en nullité et les actions en rescision. » Demolombe. 6. 5.

(2) Telles que celles des contrats usuraires, des obligations de femmes mariées non autorisées, des donations non acceptées ni insinuées, des testaments non revêtus des formes prescrites, des conventions contraires aux bonnes mœurs. *D'Argou*, des restitutions en entier.

(3) A ce point de vue, l'ancien dicton « voies de nullité n'ont point lieu en France » s'appliquait.

furent chargées dans la suite de l'expédition des lettres de rescision. La cour, après avoir au préalable procédé à l'entérinement, jugeait sur les textes romains. Au demeurant on en arriva à accorder les lettres sans connaissance de cause. On ne les refusait jamais. C'était aux juges à apprécier s'ils devaient admettre ou non les causes de rescision alléguées. Une loi de la Révolution, des 7-11 septembre 1790 supprima les chancelleries. Dès lors nullités de droit et nullités d'ordonnances ou de coutumes purent être proposées de la même manière. Une différence les séparait cependant encore. Tandis que l'action résultant des premières se prescrivait par 10 ans, celle résultant des secondes se prescrivait par 30 ans (1).

Quoique nous n'ayons pas même la simple prétention de résumer tout ce qu'il y aurait à dire, nous ne passerons point sous silence le droit canonique en parlant de la destinée de notre théorie pendant le moyen-âge et les siècles derniers. Droit spiritualiste avant tout, il a fait aux contrats écclésiastiques, pendant que la barbarie régnait en souveraine maîtresse, l'application des grands principes sur les vices du consentement. Le système du mariage porte les plus vifs reflets de ces principes (2). Ils lui donnent une valeur juridique que les rédacteurs du Code ont reconnue en s'en inspirant.

Nous parvenons maintenant au Code civil. Nous connaissons l'état de l'ancien droit français avec sa théorie purement

---

(1) Demolombe tome 6. pag. 12. — M. Pison, à son cours, (1876-1877) sur l'art. 1304.

(2) Institutiones Juris canonici a *Joan. Paulo Lancelotto.* L. 2. tit. 22 dans le Corpus Juris canonici. — *Cardinal Gousset* : Droit civil dans ses rapports avec le droit canonique.

romaine des vices du consentement. Aux législateurs de 1804 était réservée la gloire de faire de ces éléments romains, épurés par nos jurisconsultes, dilatés dans l'esprit, condensés dans le texte, une loi française.

L'*Exposé des motifs* s'exprime ainsi dans son § 3 : « les » auteurs du projet actuel du Code ont cru que ce serait » rendre service à la société, si on retirait du dépôt des lois » romaines une suite de règles qui, réunies, formassent un » corps de doctrine élémentaire, ayant à la fois la précision » et l'autorité de la loi.

» C'est un ouvrage, que dans les siècles derniers, les » jurisconsultes les plus célèbres (1) des diverses parties » de l'Europe ont désiré, qu'ils ont préparé par de grands » travaux... La France met sous ce rapport au nombre des » ouvrages les plus parfaits ceux de Domat et de Pothier.

» Mais il était encore nécessaire de choisir dans ces vastes » compilations, les principes les plus féconds en conséquences. » Il fallait aussi faire cesser les doutes qui sur plusieurs » points importants, n'avaient point encore été levés, et ceux » qui ayant donné occasion à diverses jurisprudences, faisaient » regretter qu'il n'y eût pas d'uniformité dans la partie de la » la législation qui en est le plus susceptible (2). »

On ne saurait faire en des termes plus justes la critique du droit romain que nous quittons, l'éloge du Code que nous allons étudier.

---

(1) Le rapporteur fait surtout allusion aux juristes philosophes tels que Pufendorf en Suède, Noodt en Hollande, et notre malheureux Barbeyrac qui chassé de France par la révocation de l'édit de Nantes enseigna à Lausanne et à Berlin.

(2) Locré. tom. 12. 2. VIII. 3. 4.

# CODE CIVIL

Le Code civil traite des vices du consentement dans la section première du chapitre II, titre III. Cette section est sous la rubrique : *du consentement.*

L'article 1109 énumère les vices dont nous avons à parler. Il résulte de sa teneur que les rédacteurs du Code ont exactement adopté la liste qu'avaient dressée les jurisconsultes romains des influences qui altèrent la volonté. « Il n'y a point » de consentement valable, dit l'article 1109, si le consen- » tement n'a été donné que par erreur, ou s'il a été extorqué » par violence ou surpris par dol. » Nous retrouvons les trois vices que nous avons étudiés en Droit romain. Nous allons avec les articles 1109 à 1117 examiner les dispositions géné- rales de notre législation à leur égard. Chacun d'eux sera l'objet d'une section différente.

De même que dans les Pandectes, la lésion n'est point admise dans notre Code comme constituant une cause ordinaire de rescision des contrats. L'article 1109 ne la cite point. L'article 1118 indique les cas particuliers où elle vicie une convention. En raison de son caractère exceptionnel nous la passerons sous silence comme nous l'avons fait déjà dans la première partie de notre étude.

Contre les vices du consentement le Code donne un moyen de protection unique, simple, et parfaitement conforme aux vraies notions de la philosophie juridique : l'action en nullité ou action annulatrice. (1).

Jusqu'au système qu'a inauguré le législateur de 1804, la théorie de l'annulabilité était comme l'expression de l'antagonisme de deux sources du droit. A Rome, il y avait d'un côté le *Jus civile* qui ne tenait pas compte du vice du consentement, de l'autre le *Jus honorarium* qui au nom de l'équité attaquait par des actions prétoriennes les contrats parfaits d'après le droit civil. Dans cette lutte, l'équité ne saurait remporter des victoires complètes. Si par les *restitutiones* le préteur rescinde radicalement les actes juridiques entachés de vice, il n'ose employer que rarement ce moyen. L'arme dont il se sert d'habitude est moins tranchante : c'est la condictio, c'est l'actio doli, c'est l'actio quod metus causâ, actions qui en raison du système formulaire peuvent n'aboutir qu'à des dommages intérêts, non à la réintégration des parties dans l'état antérieur.

Pendant le cours de notre ancien droit, nous avons vu encore une opposition, entre le droit civil d'un côté, droit des ordonnances et des coutumes, et l'équité de l'autre, s'introduisant dans notre jurisprudence sous la forme de la législation des Pandectes. L'acte vicié est valable d'après le droit civil, il sera rescindable en vertu de l'équité romaine. Mais il faudra une autorisation expresse pour qu'on procède à cette rescision. Un progrès s'est accompli cependant. Les juristes ont, pour combattre le vice, choisi le remède le plus

---

(1) Les rédacteurs du Code se sont inspirés de Domat plus que de Pothier pour la théorie de l'article 1304.

énergique que le préteur eût dans son album : *la restitutio*. C'est sous la rubrique des *restitutions en entier* que nos vieux auteurs traitent des voies de droit contre l'erreur, le dol et la violence. C'est en s'inspirant des effets radicaux de *la restitutio* qu'ils font toujours rejaillir contre les tiers l'annulation du contrat.

Aujourd'hui, plus d'antagonisme. Notre droit entier est l'émanation de l'équité. Notre droit civil est le droit de la raison écrite. De l'ancienne idée de l'annulabilité il ne devait donc rester que ce qui est conforme aux principes de raison analysés à notre début.

Nous ne disons plus : l'acte est valable en droit civil, annulable en équité. Nous disons : l'acte est valable en ce sens qu'il y a eu consentement, mais il est sujet à rescision parce que le consentement a été vicié, et cette rescision c'est le droit civil lui-même qui la prononce. La loi considère l'acte comme ayant une existence précaire qui doit s'évanouir sous l'influence de l'action. Ainsi la rescision qui s'expliquait historiquement s'explique aujourd'hui philosophiquement. La donnée philosophique a été consacrée par le texte de l'article 1109. Le consentement vicié n'est pas valable. Pourquoi ? parce que pour notre droit civil moderne, consentement valable signifie, non plus volonté apparente manifestée suivant telle ou telle forme, mais volonté réunissant des conditions précises de clarté et de liberté.

L'action annulatrice de l'article 1304 est la forme nouvelle sous laquelle s'exerce la protection de notre Code, protection uniforme et égale pour toutes les faiblesses de la volonté.

Son but est de détruire les conséquences d'un consentement vicié. Les choses seront donc remises dans l'état où elles étaient avant le contrat, même à l'encontre des tiers. S'il y a eu transfert successif de droit réel, ce transfert sera résolu. La protection contre le vice sera complète.

# CHAPITRE PREMIER

# ERREUR

Nous résoudrons successivement les trois questions suivantes :

*Sur quels objets doit porter l'erreur pour vicier le contrat.*

*A propos de quelles choses et dans quels contrats elle peut être commise.*

*Chez quelles personnes elle doit exister.*

## SECTION PREMIÈRE

## Sur quels objets doit porter l'erreur pour vicier le contrat.

Il y a trois catégories d'objets divers à propos desquels selon qu'elle portera sur les uns ou sur les autres l'erreur produira des effets différents. Les uns sont ceux à propos desquels l'erreur conformément à l'article 1110 produit la nullité du rapport juridique. Leur étude est le fond même de notre sujet. C'est sur de tels objets que doit exister l'erreur pour être vraiment un vice de consentement reconnu par la loi.

D'autres sont d'une importance telle que lorsque l'erreur portera sur eux il n'y aura pas seulement vice du consentement, mais défaut absolu de tout rapport contractuel. M. Larombière qualifie cette sorte d'erreur par son effet et l'appelle *erreur-obstacle*.

D'autres objets encore sont au contraire assez peu importants pour que le législateur n'ait donné aucune force de nullité à l'erreur survenue à leur occasion.

Nous allons passer en revue ces trois catégories.

## I. — Objets à propos desquels l'erreur produit l'annulabilité du Contrat.

C'est ici le champ propre de notre sujet. L'article 1110 nous indique quels sont ces objets : 1° la substance. — 2° la personne en certains cas. « L'erreur n'est une cause de nullité de la convention que lorsqu'elle tombe sur la substance même de la chose qui en est l'objet. — Elle n'est point une cause de nullité lorsqu'elle ne tombe que sur la personne avec laquelle on a intention de contracter, à moins que la considération de cette personne ne soit la cause principale de la convention. »

### I. — ERREUR SUR LA SUBSTANCE

Quel est précisément l'objet qualifié ainsi par le législateur? Les traditions de l'ancien droit, et des considérations de bonne foi et de raison vont nous l'apprendre.

En droit romain, nous le savons, Ulpien sépare expresssément l'erreur sur l'identité matérielle de la chose de l'erreur sur la substance de cette chose : unde quœritur *si in ipso copore* non erratur sed in substantia error sit. L. 9 § 2. de contr. empt. Pothier résume la théorie d'Ulpien et dit : « L'erreur annule la convention non seulement lorsqu'elle » tombe sur la *chose même,* mais lorsqu'elle tombe sur la » qualité de la chose que les contractants ont eue princi» palement en vue et qui fait la substance de cette chose. » Obligat. n° 18.

Les rédacteurs du Code ont eu Pothier comme guide habituel dans leur travail sur les obligations. L'expression dont ils se servent ici par sa similitude avec celle dont se servit notre vieil auteur, prouve qu'ils ont aussi adopté sa pensée. La substance, au sens de l'article 1110, c'est donc l'ensemble des qualités que les parties ont eues principalement en vue quand elles ont contracté, les qualités qui individualisent la chose pour elles.

Les objets ont deux espèces de qualités d'après la philosophie : les qualités accidentelles et les qualités substantielles. Celles-ci sont celles qui donnent à une chose son caractère ; qui déterminent la classe d'objets à laquelle elle appartient. Le mot élastique de substance exprime dans le sens fixe que lui assigne l'historique des obligations ces qualités substantielles. « Il faut, dit Bigot Préameneu dans *l'Exposé des motifs,* que l'erreur tombe, non sur une qualité accidentelle, mais sur la substance même de la chose. » Le premier terme de cette phrase indique évidemment que le second doit être pris dans le sens de qualité substantielle, dans le sens philosophique.

Ainsi l'histoire et la philosophie sont d'accord pour fournir une même explication du § 1 de l'article 1110. La substance, ce n'est pas l'identité matérielle des choses, c'est leur qualité principale au point de vue des rapports qui s'établissent entre elles et les personnes. M. Demolombe affirme cette idée quand il dit : « La règle en droit est que » les choses sont qualifiées... eu égard à la fonction qu'elles » remplissent dans les besoins de l'homme et à l'usage auquel elles sont destinées. »

Pour reconnaître la qualité substantielle, il faudra donc se mettre au lieu et place du contractant. La substance sera ce que la fera l'intention des parties. Ce sera tantôt la substance même de la chose au point de vue de la matière première : ainsi j'ai voulu des chandeliers d'argent ; — tantôt une qualité abstraite : ainsi j'ai voulu une médaille antique ; son antiquité, voila la substance ; — tantôt une qualité résultant spécialement de la personnalité de l'ouvrier ou de l'artiste qui a fait la chose : ainsi j'ai voulu un tableau de Rubens. Dans tous ces cas, il y aura lieu à annulation pour vice de volonté quand il se trouvera que ces objets n'auront point cette qualité substantielle, que par erreur les contractants leur attribuaient. Son absence dénature la chose ; elle est, en réalité, une chose autre que celle sur laquelle les parties ont entendu contracter : *aliud pro alio,* ainsi que le disaient nos textes romains.

Notons comme simple remarque qu'en général cette qualité, que nous appelons substantielle, peut s'exprimer par un substantif, ce qui en philologie comme en philosophie justifie entièrement le mot de *substance* employé par le législateur.

Nous aurons à distinguer plus tard de l'erreur sur les qualités substantielles l'erreur sur les qualités accidentelles. L'absence de celles-ci n'enlève point à l'objet du contrat la qualité en vue de laquelle on s'est engagé : le cheval arabe que j'ai acheté est-il lent au lieu d'être rapide. Qu'importe ! je n'en ai pas moins un échantillon de la race arabe ; et c'était pour cette qualité d'arabe que je l'ai acheté. J'avais cru la monture agile, elle ne l'est point. Mais ce n'était pas sa rapidité que j'avais principalement en vue. Mon erreur sur une qualité accidentelle ne doit pas rompre le contrat pur d'erreur sur la substance.

Telle qualité qui, dans une espèce, sera considérée comme accidentelle, pourra naturellement être jugée substantielle dans une autre, si elle est celle qu'on a envisagée comme capitale dans la convention. La cour de Grenoble (27 mai 1831), a jugé que la rapidité d'une méthode de calligraphie pouvait être regardée comme la substance même de la chose dans la vente de cette méthode.

Annuler le contrat quand l'intention principale des contractants aura été violée, telle devra être la préoccupation des juges pour toutes les hypothèses qui leur seront soumises. Dans une loi essentiellement interprétative de volonté, ils dirigeront leurs lumières vers un seul but : découvrir cette intention souvent cachée

Les articles 1641 et suivants contiennent une importante

dérogation au principe que l'erreur sur les qualités accidentelles ne peut amener la destruction du rapport juridique, dérogation que nous avons déjà vue en droit romain. Elle a lieu quand l'absence de ces qualités, sans dénaturer la substance, l'altère cependant assez pour qu'elle ne soit plus propre à l'usage auquel la chose était destinée ou qu'elle n'y soit propre que trop imparfaitement. Dans ce cas, quand le contractant aura ignoré le défaut de ces qualités, qui seules pouvaient rendre la chose apte à l'usage, il serait injuste de laisser sans protection la partie trompée dans son attente légitime. La loi lui donne comme moyen de réparer le dommage qu'elle éprouve les deux actions *quanti minoris* et *redhibitoire*.

On désigne par l'appellation de vice rédhibitoire, ce défaut de certaines qualités dans l'objet du contrat, ou pour mieux dire le vice qui produit ce défaut de qualités. Quelle différence y a-t-il entre le vice rédhibitoire et le défaut de la qualité substantielle? Celui-ci est constitué par l'absence de l'attribut que les parties avaient principalement en vue. Celui-là par l'absence d'une qualité nécessaire à l'usage que les parties avaient en vue. Dans l'un comme dans l'autre il y a donc manque de conformité à l'intention, à la volonté intime des contractants; il y a le même vice au point de vue philosophique. (1) Aussi la distinction est-elle très délicate à faire en droit positif.

Reprenons nos exemples. Je veux un cheval arabe. La qualité substantielle, celle que j'ai principalement en vue, c'est

_______________

(1) Demolombe. Obligat. n° 109.

la qualité d'arabe. Aucune erreur sur la substance par conséquent s'il est vraiment de la race arabe. Faut-il en conclure qu'il n'a pas de vice rédhibitoire parce qu'il a cet attribut d'arabe qui était pour moi la considération principale ? Non. Il faut envisager l'animal, en dehors de cette qualité, au point de vue de l'usage que j'en dois faire. L'usage que j'ai eu en vue, c'est l'attelage de ma voiture. Si la bête est atteinte de boîterie intermittente, par exemple, il est évident qu'il y a chez elle l'absence d'une qualité nécessaire à l'utilité que j'en devais retirer.

De cet exemple il résulte que l'erreur sur la qualité qui rend l'objet propre à l'usage n'empêche pas qu'on n'ait bien voulu la chose dans sa substance, dans son identité morale de cheval arabe. C'est la qualité primordiale. Elle existe. Le contrat n'est donc pas annulable.

Mais à l'usage, on constate que le cheval n'a pas la qualité voulue pour l'utilité qu'il est appelé à remplir. Maintiendra-t-on le contrat ? Non. Valable, on le résoudra. Le vendeur s'était engagé tacitement à fournir cette qualité, quoiqu'elle ne constituât point une qualité substantielle. Il manque à son obligation. On aura contre lui une action en résolution.

Si je n'avais pas ignoré le vice rédhibitoire, alors on ne pourrait plus soutenir que nous étions d'accord tacitement sur la qualité de cheval exempt de vices. Ma connaissance des défauts aurait établi mon acceptation d'un cheval même vicieux.

L'erreur de l'acheteur est donc une condition nécessaire de la résolution pour vices rédhibitoires. Mais nous ne

8

devons pas assimiler ce cas de destruction du rapport
contractuel au cas d'annulation pour erreur sur la substance.

L'acheteur seul peut exercer l'action rédhibitoire. L'action
en nullité pour erreur sur la substance peut au contraire
appartenir à un vendeur comme à un acheteur. Celle-là
doit être intentée dans un bref délai, celle-ci peut l'être
pendant dix ans. Le vice rédhibitoire rendant la chose impropre à l'usage, si on ne réclame pas bientôt, la loi présume
avec raison que le vice n'est point réel. Quant à l'absence
de la qualité substantielle au contraire, comme cette qualité existe ou n'existe pas en dehors de toute idée d'usage,
comme il s'agit d'une substance fixe qu'on avait en vue
au moment du contrat, on pourra toujours reconnaître
si cette substance existe ou non. On n'a pas à craindre
que le temps donne à la chose la qualité qu'elle n'avait
point, tandis que le temps et l'usage pourraient lui donner
des vices dont le vendeur ne devrait pas être responsable. Ajoutons, qu'aux termes de l'article 1649, l'action
résultant des vices rédhibitoires n'a pas lieu dans les
ventes faites par autorité de justice, tandis qu'il n'existe
aucun texte semblable pour l'action résultant de l'erreur
sur la substance.

En dehors de l'erreur sur la substance, le législateur n'a
donné d'effets d'annulabilité à aucune autre erreur sur les
choses. Il a montré par là que dans l'intérêt de la stabilité
des conventions, il exigeait une gravité exceptionnelle dans
ce vice pour secourir la volonté contre lui.

### II. — ERREUR SUR LA PERSONNE

Le § 2 de l'art. 1110 est relatif à cette sorte d'erreur. Quoiqu'en apparence il renferme une certaine dérogation au § 1, au fond l'article exprime une conception unique des rédacteurs du Code : c'est que l'erreur n'est une cause de nullité que lorsqu'elle porte sur ce que les parties avaient principalement en vue, lorsqu'elle a déterminé le contrat.

Dans la plupart des conventions journalières, qu'importe la personne avec laquelle on traite ! J'achète une maison, ou des sacs de blé ou un cheval, qu'importe en général que ce soit telle ou telle personne qui me vende, pourvu que la maison, le blé, le cheval soient parfaitement à ma convenance. Ce sont ces objets qui ont fixé ma volonté, non la personne. L'erreur sur la personne seulement ne donnerait à l'engagement aucun effet contraire à mon intention. Voilà pourquoi le Code a pu poser la règle qu'elle n'est point une cause de nullité, en principe.

Mais dans certains contrats, l'intention du contractant s'attache principalement à la qualité de l'individu avec lequel il s'abouche ; la considération de la personne, pour parler le langage du Code, devient la cause principale de la convention. Ici l'erreur dont nous parlons devra être une cause de nullité. La personne devient en quelque sorte la substance du rapport conventionnel dans le sens où nous avons pris ce mot au § 1. Ainsi nos deux paragraphes s'expliquent par une seule idée, laquelle dérive elle-même du respect de l'intention des parties. Ainsi, toutes les fois qu'il le peut, le législateur s'incline devant la volonté et lui prête son appui.

Donc, le § 2 annule l'acte pour cause d'erreur sur la personne quand la considération de cette personne a été la cause principale de la convention. Pothier était moins rigoureux. D'après lui il suffisait que la considération du contractant entrât pour quelque chose dans l'acte qu'on voulait faire. Notre Code plus exigeant est par cela même plus logique. Il ne se départit point de sa théorie d'après laquelle l'erreur pour produire l'annulabilité doit porter sur l'élément capital, sur la condition déterminante de l'engagement.

Comment reconnaître si la considération de la personne a été la cause principale de la convention ? Le Code n'en donne pas les moyens. Les magistrats devront apprécier en fait le caractère de personnalité du contrat. Deux points attireront surtout leurs investigations : la nature de la convention, les circonstances qui y ont donné lieu.

De nombreux actes juridiques se font en considération de la personne. Tous les actes relatifs à la famille d'abord : le mariage, l'adoption. La personne est ici comme l'objet du contrat. La volonté des individus fait entrer quelqu'un dans le cercle sacré de la famille comme époux ou comme enfant. Qu'une erreur corrompe cette volonté, l'annulabilité viendra briser avec le contrat, le lien qui avait attaché un étranger au foyer domestique. L'étude de l'erreur a une importance extraordinaire en ces matières, elle y présente d'interminables controverses sur les articles 146 et 180. Examinant les principes généraux seuls nous ne pouvons nous arrêter à ces discussions spéciales. Nous leur réserverons une place dans nos positions.

D'autres conventions, quoique relatives aux biens, sont faites en considération de la personne. Ce sont d'abord les contrats à titre gratuit ou de bienfaisance : les donations, le commodat, le prêt gratuit, le dépôt, le mandat. Ces actes sont inspirés par des sentiments personnels de confiance et d'amitié. On prête à un ami, on confie des valeurs, des objets précieux en partant pour un long voyage à une personne dont on a mis déjà à l'épreuve la probité. C'est très exceptionnellement que de pareilles conventions sont faites sans que la considération de la personne ait été ce que les parties avaient principalement en vue.

Les contrats à titre onéreux peuvent aussi être déterminés par la considération de la personne. Dans les traités qui produisent des obligations de faire on a généralement en vue le talent, l'aptitude de la personne, soit que l'on commande un habit à un tailleur, soit que l'on charge un ingénieur civil d'une construction. Pothier fournit le classique exemple du tableau dont par erreur on a chargé un peintre qu'on aurait pris pour le fameux Natoire. Le contrat est soumis à annulation. La réputation, le talent de grâce voluptueuse de Natoire étaient en effet ce que l'amateur avait principalement en vue. On annulerait de même aujourd'hui une commande de portrait faite à un portraitiste qu'on prendrait faussement pour Carolus-Duran, ou un devis de monument arrêté avec un Garnier quelconque en qui on aurait cru reconnaître le célèbre architecte du Grand-opéra. C'est parce qu'on a eu en vue précisément l'habileté particulière de l'ouvrier ou de l'entrepreneur que l'article 1795 déclare le contrat dissous par la mort de celui qu'on avait choisi pour faire un ouvrage.

Le colonat partiaire est également un contrat où l'erreur sur la personne donnera une action annulatrice. Il est essentiellement conclu en considération de l'individu qui placé dans la ferme fera plus ou moins rapporter à la terre selon son travail. Nous en dirons autant du contrat de société.

Au demeurant, même dans les obligations de faire, il se peut que la personne n'ait pas été prise principalement en considération. Certains faits peuvent être également bien exécutés par tout homme : un terrassement par exemple, le creusement d'un canal de dimension donnée. Il faut donc s'en tenir à une règle de principe dont on cherchera l'application dans toute espèce d'actes juridiques. Cette règle, nous l'avons déjà formulée : l'erreur sur la personne n'est une cause de nullité que lorsque la considération de l'individu avec lequel on traitait a été la cause déterminante de la volonté.

Nous appliquerons cette règle à la transaction de la même manière qu'à tout autre contrat. L'article 2053 : « Une transaction peut être rescindée lorsqu'il y a erreur dans la personne, » nous paraît en effet avoir appliqué purement et simplement le droit commun à cette matière. MM. Demolombe et Colmet de Santerre repoussent avec raison l'opinion de Duranton d'après lequel l'article 2053 établirait la présomption que la transaction est toujours faite en vue de la personne et que, partant, toute erreur sur la personne y doit annuler le contrat. Pourquoi inventer cette présomption quand le législateur n'indique aucunement qu'il veut sortir du droit commun ? Pourquoi ne pas s'en référer à la seule intention des parties, qui dans la transaction comme partout ailleurs peut ne pas s'être portée principalement sur la personne? Duranton n'apporte aucun argument juridique qui nous entraîne à ne pas écouter le simple bon sens pour nous jeter à sa suite dans des subtilités.

Que devons-nous entendre sous le mot de personne employé par le Code. N'a-t-on voulu parler que de l'erreur sur une personne physique, sur son identité matérielle, de l'erreur qui consiste à prendre Vernay pour Vernet, Buffenoir pour Bufnoir, ou bien a-t-on compris sous cette expression l'identité morale de l'individu comme son identité physique? Je prends pour mon neveu une personne qui ne l'est pas et sur cette erreur je lui fais donation; erreur sur la qualité. Je loüe mon immeuble à un individu que je crois être un rentier, mais il se trouve qu'il exerce une profession de nature à compromettre la réputation de ma propriété. J'épouse une femme que je crois honnête, c'est une prostituée. Il y a erreur sur la qualité. Dans tous ces cas nous n'hésiterions pas à prononcer l'annulation en la fondant sur le § 2 de l'article 1110. Nous sommes persuadé que le mot « personne » dans la plénitude de la pensée du législateur comprend autant la personne morale que la personne physique. L'une comme l'autre ne composent-elles pas indissolublement notre être complet!

Ni le texte de l'article 1110, ni les Travaux préparatoires ne distinguent. Or quel est le but du législateur dans notre matière? Son but, nous l'avons démontré, est de faire respecter l'intention capitale des parties, de délier la volonté quand son erreur l'a induite en méprise sur ce qu'elle avait principalement en vue, sur la qualité substantielle des choses et des personnes.

La considération de la personne morale peut être autant que celle de la personne physique la cause principale de la convention. C'est même cette considération qui d'habitude l'emportera sur toute autre. L'erreur sur la personne physique est rare, on la trouve plus souvent au théâtre que dans la vie pratique, elle pullule dans l'esprit des héros de comédie ou de drame mais elle est rare dans les calculs des contractants. On ne peut soutenir que le Code n'ait visé que cette sorte d'erreur romanesque et qu'il ait rejeté l'erreur si réelle et si fréquente sur l'identité morale, sur la qualité.

Nous interpréterons donc largement et philosophiquement le mot « personne. »

On a essayé de combattre l'opinion que nous venons d'émettre et qui est celle de Demolombe et des jurisconsultes les plus autorisés. On s'est appuyé sur Pothier, sur ce que ses exemples supposent tous l'hypothèse d'une erreur sur la personne physique. On en conclut que les rédacteurs du Code, ayant composé le titre des obligations, Pothier à la main, n'ont pu vouloir élargir sa doctrine. Nous n'admettons point ces arguments qui tendraient à faire de notre Code civil une copie, et de ses interprètes des compulseurs éternels des vieux ouvrages. Il y a dans notre législation au dessus de Pothier, au dessus des reproductions de l'ancien droit, l'esprit moderne, qui a proclamé l'influence prépondérante de la volonté dans toute la théorie des contrats. Le Code va droit à l'intention des parties, il ne consulte qu'elle. Qu'importe qu'elle se soit trompée sur l'identité morale seule, ou sur le fait strict et matériel de l'identité physique ! L'erreur n'en est pas moins grave, pas moins digne de protection.

Il faudrait bien se garder de confondre l'erreur sur la qualité de la personne avec l'erreur sur les motifs ; car nous verrons bientôt que cette sorte d'erreur ne produit aucun effet. La différence est sensible. Le motif ne saurait être ce que la partie a eu principalement en vue en contractant ; le motif est antérieur au contrat, il n'a rien à faire dans la convention ; tandis que la qualité telle que nous la considérons en est le fond même. Supposons par exemple qu'un inventeur illettré croit faussement que tel individu, lequel est bien matériellement un tel, est un publiciste et est capable de lui faire un livre de propagande sur sa découverte. Ce prétendu publiciste n'est qu'un sot incapable de fournir un ouvrage correct. C'est la qualité de publiciste qui était la cause principale, la considération déterminante de la convention, ce qu'on a recherché au moment même de l'engagement. Le motif est antérieur ; c'est le désir de faire connaître la découverte. Supposons qu'elle le fut déjà sans que l'inventeur le sût, le contrat ne serait modifié en rien parce que l'erreur porterait sur le motif, tandis que l'erreur sur la qualité permettra d'annuler l'acte.

Il sera en général facile de connaître par l'acte même la qualité que les parties avaient principalement en vue. Ainsi dans notre exemple l'acte indique clairement que si la qualité d'écrivain manque, la personne n'est pas celle dont la considération était la cause principale de la convention. Le motif est au contraire caché le plus souvent.

S'il ne faut pas confondre la qualité et le motif, il ne

faudrait pas non plus considérer comme une qualité de la personne sa capacité. On ne pourrait donc pas sous prétexte qu'on a été dans l'erreur sur la capacité d'un mineur qu'on croyait majeur demander la nullité d'une convention. La capacité et l'incapacité ne sont point des qualités proprement dites, ce sont des abstractions juridiques, des facultés artificielles créées par la loi pour secourir certaines personnes privilégiées. Elles ne constitueraient plus une protection spéciale si elles pouvaient être l'occasion d'un bénéfice comme celui de la nullité pour cause d'erreur, au profit d'individus que la loi n'a pas voulu protéger en face des incapables.

Nous connaissons maintenant les deux sortes d'objets à propos desquels l'erreur pourra produire l'action annulatrice : la substance, la personne. Nous terminerons par une observation commune à l'une et à l'autre : c'est que l'erreur commise à leur occasion aura son effet de nullité, qu'elle soit une erreur de droit, qu'elle soit une erreur de fait. Il est inutile d'insister sur la distinction de ces deux espèces d'erreur. Leur nom les caractérise assez et nous les avons définies en droit romain. Toutes les deux elles détermineront l'annulation au point de vue de notre article 1110. S'il est vrai que l'article 1 du Code civil a admis le principe « nemo jus ignorare censetur,» il n'en est pas moins certain, que ce dicton ne doit pas avoir pour résultat de proscrire de notre matière, la protection de la loi en faveur de celui qui ignore une disposition législative. L'article 1 a pour but de soumettre tous les citoyens à l'application des lois impératives, sans que personne ne puisse exciper d'ignorance pour se soustraire à l'ordre du législateur. Mais ici, celui qui demande le bénéfice de la nullité ne prétend pas échapper à une règle quelconque. Il n'y a pas de bornes au champ libre des conventions (1). Il n'y a d'autres règles que celles qui protègent ou interprètent la volonté. L'esprit de ces lois tutélaires est de donner secours à tous et pour toute manière d'erreur. Ce sont des lois de protection. Or leur aide n'est-il pas plus nécessaire encore contre l'erreur de droit que contre l'erreur de fait. Le fait est matériel, il est perceptible à toutes les intelligences ; le droit est abstrait, il ne peut être connu que par ceux à qui de longues études en ont ouvert les secrets.

L'énoncé de l'article 1110 appuie notre opinion puisque son silence sur le point qui nous occupe nous permet de mettre avec nous le vieil adage : ubi lex non distinguit, nec nos distinguere debemus.

Plusieurs auteurs professent un système différent. Ils rappellent le droit romain qui déclarait l'erreur de droit inexcusable et ne la protégeait que difficilement ; ils rappellent l'ancien droit qui avait à peu près adopté les théories romaines (2). Nous leur répondrons que les traditions doivent toujours être sacrifiées quand elles sont opposées à l'esprit des lois nouvelles. Pourquoi troubler l'harmonie de nos textes en ressuscitant les bruyantes querelles du passé sur une distinction que l'équité condamne.

---

(1) Sauf bien entendu l'application générale de l'article 6 et de certaines dispositions restrictives et impératives pour des contrats spéciaux.

(2) Domat. Lois civiles. liv. 1. tit. 18. sect. 1 § 14 à 16.

Delvincourt voudrait se faire une arme des articles 1356 et 2052 qui défendent d'invoquer l'erreur de droit aux cas d'aveu judiciaire et de transaction. Mais nous voyons, nous, dans ces articles des exceptions, très justifiées d'ailleurs, à notre principe. Nous leur appliquons l'argument *a contrario*, parce que, seul, ce mode de raisonnement nous fait rentrer dans la règle générale que nous avons établie.

L'erreur de droit, trés fréquente en d'autres matières, aura très rarement lieu sur la substance ou sur la personne. Les exemples ne sont cependant pas impossibles à trouver. Nous considérons comme une erreur de droit sur la substance, l'erreur suivante sur laquelle a été rendu un arrêt de la Cour de Grenoble, le 24 juillet 1830 : je me crois par erreur de droit héritier pour un quart et je vous cède mon droit héréditaire. Puis j'apprends que la loi m'accorde en réalité la moitié, ou le tout. Il y a lieu à nullité du contrat.

Quelque restreint que soit en notre matière le domaine du principe que nous venons d'établir, nous avons dû cependant lui consacrer un moment notre attention.

## II. Objets à propos desquels l'erreur produit un obstacle à la formation du contrat.

Quand l'erreur portera sur un des objets que nous allons passer en revue, elle empêchera la formation même de la convention.

On pourrait rapprocher ces cas, des cas d'*incapacité de fait*, d'incapacité naturelle, qui, tandis que les simples incapacités de droit ne donnent lieu qu'à une pure annulabilité, produisent une nullité absolue, sont un obstacle à l'établissement du rapport juridique : ainsi l'état de l'enfant en bas âge, du fou furieux non interdit, de l'homme en état d'ivresse, quoique ces derniers points ne soient pas hors de controverse. (1) Dans toutes ces hypothèses, la volonté n'est pas seulement viciée, on peut dire qu'elle n'existe point. L'acte manque donc de la première condition qui serait indispensable pour sa formation. Il en est de même quand l'erreur existe sur les objets de notre présente étude.

L'article 1110 n'a pas trait aux espèces d'erreur dont il s'agit. Il ne s'occupe en effet que de celles qui vicient le vouloir, des *erreurs-nullité*. Or ici nous trouvons des erreurs qui empêcheront les volontés de s'unir *in idem placitum*, qui rendront impossible le *concursus*. Donc point de convention, point d'annulabilité ; on n'annule que ce qui existe. Il y a un véritable malentendu.

Nous observons cette situation dans le cas d'erreur sur la nature de la convention. — Si l'un des contractants a eu l'intention de faire un contrat à terme, l'autre un contrat pur et simple, cette erreur sur la modalité fera qu'en réalité il n'y aura contrat ni à terme, ni purement et simplement, que rien ne sera convenu.

Les volontés ne se rencontreront point non plus quand par suite d'erreur, les contractants seront en malentendu sur l'objet même de leur accord. L'objet peut être un corps certain ou une chose *in genere*. Nous l'envisageons actuellement *in ipso corpore*, quant à son identité matérielle et abstraction

---

(1) Demolombe. obligat. 1. n<sup>os</sup> 79-83,

faite des qualités qu'on peut y distinguer. Primus pense acheter la maison n° 1 de telle rue et Secundus pense vendre la maison n° 10. L'erreur sur l'identité des deux maisons que les parties ont en vue supprime tout concours de volontés.

L'objet peut consister en une chose *in genere*, c'est-à-dire déterminée seulement par son espèce et sa quantité. L'erreur sur l'espèce équivaut à une erreur sur l'objet. L'objet n'étant point représenté par une chose spéciale est déterminé par l'espèce spéciale. Les consentements ne se rencontrent-ils point sur celle-ci, il n'y a pas contrat.

Le malentendu sur la quantité constituera-t-il aussi une erreur-obstacle. Cela dépendra avant tout de l'intention des parties. Si la quantité n'est point regardée par les contractants comme formant l'objet même, pour l'usage qu'elles en veulent faire ; en ce cas, il y aura rencontre des volontés jusqu'à concurrence de la quantité comprise dans la quantité plus grande qu'une des parties avait en vue. Un minotier a besoin d'un certain nombre de sacs de blé pour les besoins courants de son usine : il veut traiter pour 1000 sacs avec un courtier. Celui-ci croit par erreur qu'il ne s'agit que de la moitié de cette quantité. Il y aura *concursus* sur les 500 sacs. Pour le surplus, l'erreur empêche la formation du rapport contractuel. Mais si les 1000 sacs étaient achetés par le minotier pour une commande spéciale de farine représentant exactement ces 1000 sacs, alors cette quantité exacte serait l'objet même du contrat, les consentements ne se seraient accordés en aucun point. L'erreur serait alors un obstacle absolu à la naissance de la convention.

La convention peut avoir un objet, mais un objet hors du

commerce. En ce cas, c'est comme si elle n'en avait point en réalité. L'erreur sur la commercialité doit recevoir la même solution que l'erreur sur l'objet lui-même, puisque d'après l'article 1128, « il n'y a que les choses dans le commerce qui puissent être l'objet des conventions. »

Dans les circonstances que nous venons d'étudier pourquoi l'erreur empêche-t-elle la formation du rapport? pourquoi lui fait-elle obstacle? parce qu'elle supprime entièrement la volonté, nous l'avons vu. On n'a absolument pas voulu telle nature de contrat, tel objet. Le véritable obstacle à la création de l'acte contractuel, c'est donc, non pas directement l'erreur, c'est l'absence de volonté. Mais l'erreur a toutefois cet effet direct d'empêcher elle-même l'élément du vouloir.

Nous devons traiter ici de deux autres hypothèses où sans produire l'absence d'un élément de formation de la convention, l'erreur amène les parties à contracter sur des éléments qui n'existent point : je veux parler du défaut d'objet et du défaut de cause.

Primus et Secundus s'accordent sur la vente d'une maison qu'ils s'imaginent encore exister dans telle ville. Les volontés se rencontrent bien. Mais l'objet du contrat est inexistant, la maison est détruite depuis longtemps. L'erreur a déterminé un contrat sur un objet qui n'en est point un. Le contrat est impossible. Mais l'obstacle vient non pas de l'erreur, encore une fois; il vient du défaut d'un élément indispensable à la création du rapport juridique.

Après le consentement et l'objet, la cause est le troisième élément de l'acte contractuel. Supposons une convention sur fausse cause. C'est le nom donné à la cause que par erreur

les parties attribuent à un acte, quand en réalité cette cause
n'existe pas. « Croyant faussement, dit Pothier, vous devoir
une somme de 10,000 livres, qui vous avait été léguée par le
testament de notre père, mais qui a été révoquée par un
codicille dont je n'avais pas connaissance, je me suis engagé
à vous donner un certain héritage en paîment de cette
somme ; ce contrat est nul, parce que la cause de mon engagement, qui était l'acquittement de cette dette, est une cause
qui s'est trouvée fausse. » En vertu de l'article 1131 une
fausse cause empêche toute convention. Nous trouvons ici un
second cas où quoique les parties aient voulu, il n'y a pas de
contrat. C'est le défaut réel de cause, non l'erreur, qui produit
l'inexistence du contrat.

Dans toutes les espèces que nous avons présentées sous
notre dernière rubrique, la convention n'existe qu'en apparence. On croit l'entrevoir sous les dehors trompeurs d'un
accord de volontés ; mais en réalité cet accord n'a pas eu lieu,
ou bien il n'y a pas eu d'objet, pas de cause. Ces dehors
trompeurs ne cachent que le néant. L'acte sans effet quant
aux parties est également sans effet quant aux tiers. Aucun
laps de temps ne pourrait lui donner une consistance qui lui
manque irrémédiablement.

### III. Objets à propos desquels l'erreur ne produit aucun effet juridique.

Il nous suffirait de ranger d'une façon générale dans cette
catégorie tous les objets non compris dans les deux para-

graphes précédents. Pour plus de précision, voyons les points principaux.

L'erreur sur les qualités accidentelles nous est déjà connue. Nous savons que ces qualités sont celles que les parties n'ont pas eues principalement en vue, qui ne donnent pas à la chose son caractère principal. Mille erreurs peuvent se glisser dans chaque contrat sur ces côtés secondaires des choses. Aussi le législateur a-t-il pensé avec raison que la protection de la loi ne devait pas descendre jusque-là.

L'erreur sur la valeur de la chose n'a pas non plus d'influence. Elle se confond avec la lésion. Or celle-ci n'est pas en principe une cause de nullité.

Aucun effet non plus à l'erreur sur la contenance. Ce n'est qu'une qualité accidentelle de la substance du champ. Quand cependant on l'aura mentionnée dans la convention, alors les articles 1618 et 1619 du Code civil autorisent l'acheteur à demander une indemnité si la contenance n'est pas celle qui a été déclarée. Mais l'erreur n'est pour rien dans ce résultat. On ne fait qu'appliquer l'intention des contractants sous-entendue dans la mention expresse de la contenance.

L'erreur de calcul et de plume ne saurait avoir aucune importance. On se bornera à la réparer : error in transcribendis verbis non nocet.

Donner une influence à l'erreur sur les motifs aurait été jeter l'incertitude dans la plupart des transactions, les motifs des actes humains étant toujours sujets à variations et incertitudes. J'achète un cheval. Est-ce parce que je crois le mien mort ou parce que je le trouve trop lourd ou parce que je veux le vendre et spéculer sur la différence de prix ? Comment apporter en justice une pareille question ?

Quelquefois le motif sera transformé en condition : ainsi un négociant en blé achète une cargaison parce qu'il croit son navire venant d'Odessa perdu corps et biens. Le contrat ne sera pas annulable lors même qu'il y aurait erreur et que le navire arriverait à bon port peu de temps après. Mais si l'achat a été soumis à la condition « si mon navire n'arrive pas d'Odessa. » alors le contrat sera résolu par l'arrivée du vaisseau. Nous n'irions cependant pas jusqu'à dire comme Pufendorf (1) que lorsqu'on a fait part à son cocontractant du motif qui vous engage à contracter on est censé avoir voulu faire dépendre la convention de la vérité de ce motif comme d'une espèce de condition.

L'ignorance des conséquences légales du contrat ne pourra être invoquée pour fonder une action en nullité. On doit subir les effets des actes que l'on a consentis librement et sans erreur sur la substance ou la personne.

N'auront encore aucun résultat d'annulation : l'erreur sur le nom de la personne avec laquelle on contracte ou de la chose : nihil enim facit error nominis cum de corpore constet; L. 9 § 1 de contrah. empt; — l'erreur relative aux droits des contractants sur la chose : qu'on ne pense pas son vendeur propriétaire quand il l'est en réalité, cela ne peut changer la situation : plus est in re quam in existimatione; les parties ont évidemment voulu faire la convention; rien n'empêchera donc son plein et entier effet; — l'erreur sur la capacité; c'est l'existence ou le défaut de capacité qui

---

(1) L. 3. ch. 6. nº 7.

seuls auraient le pouvoir de modifier les conséquences de l'acte.

Nous en avons terminé avec les objets à propos desquels l'erreur peut être commise. Nous avons dû sortir du cadre de l'article 1110 et à côté de la substance et de la personne examiner l'erreur sur d'autres objets où il pourrait sembler qu'elle a une influence quand en réalité elle n'en a point.

SECTION DEUXIÈME

## A propos de quelles choses et dans quels contrats l'erreur produit-elle l'annulabilité.

Nous avons déjà répondu à cette question pour l'erreur sur la personne en étudiant les conditions moyennant lesquelles elle est admise. Il ne s'agit donc seulement que de l'erreur sur la substance.

On ne peut la supposer commise qu'à propos de corps certains et par conséquent de contrats ayant pour objets des corps certains et non des choses déterminées seulement *in genere*. Quand les parties s'accordent sur des choses déterminées seulement *in genere*, elles n'ont en vue que les qualités constitutives de l'espèce. L'erreur sur ces qualités est une erreur sur l'espèce. Or s'il y a erreur sur l'espèce il y a erreur sur l'objet, *in ipso corpore*, il y a contrat nul absolument.

Les choses incorporelles peuvent être l'objet d'une erreur sur la substance. Ainsi on conçoit parfaitement l'erreur sur une qualité substantielle d'une servitude. Cette qualité sera par exemple pour une servitude de passage de voitures au profit d'une villa, l'état de route carrossable qu'aura le chemin. Pour une créance cédée, l'erreur sur l'origine de la créance ou de la personne du cédé pourrait être regardée comme une erreur sur la qualité substantielle de la créance et donner une action en nullité de la cession.

Les contrats translatifs de propriété, de droits réels, ne sont pas seuls susceptibles d'erreurs sur la substance; le sont également toutes conventions où on aura principalement en vue une qualité subtantielle, cette qualité étant envisagée dans un but de location, de prêt, ou dans tout autre but.

On peut encore commettre l'erreur sur la substance dans les conventions de faire ou de ne pas faire. Soit un contrat de restauration d'une église gothique : la qualité de gothique était principalement en vue dans l'intention de celui qui voulait la restauration. Si le cocontractant a été dans l'erreur sur ce point, il y aura certainement nullité.

On ne distinguera pas les contrats unilatéraux des synallagmatiques. Je donne ou je prête un fauteuil en vieux Beauvais croyant donner ou prêter un meuble vulgaire. L'erreur de mon consentement sur la qualité du fauteuil fera annuler la convention.

# Chez quelles personnes doit exister l'erreur.

Contrats synallagmatiques. Il n'est point nécessaire qu'elle existe dans l'esprit des deux parties, il suffit que l'un des contractants ait été dans l'erreur, lors même que l'autre n'y aurait point été. Nous affirmons sans crainte ce principe parce qu'il nous paraît conforme au but de la loi. Nous ne comprendrions pas qu'on eût protégé l'erreur en commun et qu'on eût refusé secours à l'erreur isolée. Au milieu des controverses qui s'agitent sur la question, il est prudent d'escorter notre opinion de quelques arguments.

Supposons d'abord une erreur sur la substance.

Une seule des parties est dans l'erreur. J'admets que c'est l'acheteur. Je distingue deux hypothèses : 1° la personne en erreur a fait connaître son intention ; 2° elle ne l'a point fait connaître.

Première hypothèse. Je déclare à un antiquaire que je veux une monnaie du règne de Marc-Aurèle. En ce cas, s'il m'en présente sciemment une de Vespasien et que par erreur je l'accepte, il y aura lieu à rescision du contrat de vente. L'acheteur aura une action en résolution ; et ce, lors même que l'erreur n'aurait porté que sur une qualité accidentelle. Car, comme le déclare M. Demolombe « ce n'est plus à vrai dire de l'erreur que la rescision procède ; » c'est parce que la condition expresse du contrat n'a pas été réalisée qu'il y aura résolution. L'action contre le vendeur durera 30 ans au lieu de 10.

Notons sur cette première hypothèse que l'indication de volonté dont nous avons parlé peut être tacite comme expresse : eadem vis est taciti atque expressi. Les magistrats apprécieront si l'intention a été vraiment connue du marchand. Mais le vendeur pourrait parfaitement par la clause de non garantie se prémunir contre tout danger de résolution.

**Deuxième hypothèse.** Je n'ai point fait connaître mon intention. J'ai traité l'achat d'un tableau sans dire de quel peintre je le voulais. A part moi, je le crois de Diaz ou de Corot et comme je ne suis point connaisseur, il se trouve que cette toile est de tout autre peintre. Le marchand sait parfaitement son origine, moi seul suis dans l'erreur. Le prix est convenu ; la vente faite. Sera-t-elle annulable pour cause d'erreur dans mon consentement ? Je suppose qu'il n'y a pas eu le moindre dol de la part du vendeur.

M. Larombière soutient que l'action annulatrice ne devra pas être donnée. Il prétend que les parties ont contracté simplement sur l'identité extérieure de la chose telle qu'elle apparaissait : « peu importe ensuite que leur attente soit trompée par une qualité absente ou méconnue ; comme elle n'est pas entrée dans les prévisions expresses du contrat, l'erreur qui tombe sur elle est indifférente. » Ce système foule aux pieds la volonté d'une des parties. Pour n'être pas exprimée, en est-elle moins réelle, moins digne de l'attention de la loi ? M. Demolombe ajoute à cette considération générale de puissants arguments.

Le consentement de tous les contractants est nécessaire. Or aux termes de l'article 1109 le consentement n'est pas valable qui a été donné par erreur. Donc il manque à notre hypothèse un des consentements valables indispensables. Donc, annulabilité. En outre, la violence et le dol vicient un contrat quoiqu'ils n'aient atteint qu'une seule des parties. Il doit en être de même pour l'erreur puisque l'article 1109 met ces trois sortes de vices sur la même ligne. Enfin l'article 1110 lui-même nous donne raison dans son § 2 quand il dispose que l'erreur sur la personne est une cause de nullité. Il ressort des termes mêmes du Code qu'il s'agit d'une erreur commise par une seule des parties. Et cependant le contrat est annulable ; Pothier le déclare déjà avant le Code. Une même solution s'impose pour l'erreur sur la substance.

Souvent cette erreur individuelle *in mente retenta* restera sans protection faute de preuve. Comment en effet la démontrer aux juges, surtout si c'est une grossière erreur. En pareil cas, le tribunal admettra la plupart du temps que la partie qui n'a point indiqué son intention a entendu se contenter de l'identité extérieure de l'objet.

Lors même qu'on prouvera son ignorance et qu'on aura ainsi obtenu la nullité du contrat, on ne conservera point toujours le bénéfice qui pourrait résulter de l'annulation. L'autre partie sera en droit de demander des dommages intérêts pour le préjudice que lui aura causé le silence de l'acheteur.

Au demeurant il faudra pour que l'erreur soit reconnue que la croyance erronée sous l'influence de laquelle on a contracté ait été bien réelle, qu'elle n'ait pas été une espérance vague, un soupçon d'une qualité qui n'existait pas en vérité. Il faudra que j'aie cru bien fermement que le tableau était d'un maître auquel il ne doit pas être attribué. Les juges auront de délicates analyses à faire dans ces questions où la psychologie semble être l'accessoire obligé du droit.

Souvent la preuve de l'erreur unilatérale constituerait en état de mauvaise foi celui qui l'aurait commise. Un marchand d'antiquités croit faussement que telle faïence découverte par lui au fond d'une ferme est d'une fabrique fameuse. Il en traite l'achat avec le propriétaire. Celui-ci ignore cette prétendue origine de sa vaisselle sur laquelle l'acheteur se tait avec une maladroite perfidie. Le marchand serait-il admis à venir alléguer son erreur pour faire annuler l'achat, après avoir reconnu que la faïence est une vulgaire imitation ne valant pas même le prix qu'il a fait accepter au vendeur ? Non. Ce serait demander à prouver sa mauvaise foi ; or nemo auditur propiam turpitudinem allégans.

Nous avons démontré que l'erreur peut n'exister que chez l'une des parties sans que cependant on doive hésiter à prononcer la nullité pour vice du consentement. Ajoutons qu'il n'importe en aucune façon que ce soit l'une ou l'autre des parties qui commette l'erreur. Le vendeur sera protégé autant que l'acheteur. Il n'y aurait dans nos articles aucun motif d'une différence entr'eux sur ce point.

Cette proposition si naturelle ne laisse pas que de déplaire à des esprits éminents qui reviennent encore à la charge avec leur Pothier à la main. Le guide habituel du Code,

disent-ils, a toujours donné l'exemple d'un acheteur en erreur
sur l'objet de l'obligation du vendeur. Le Code ne parlant
qu'au singulier de « la chose qui est l'objet de la convention »
a certainement voulu s'en référer à l'exemple de Pothier, à
l'erreur d'une personne qui achète. M. Demolombe reproche
au législateur la rédaction de l'article, incomplète selon lui.
Nous avouons qu'elle nous satisfait entièrement. En parlant
en général « de la substance de la chose qui est l'objet de la
convention » le Code montre qu'il parle de l'objet de la convention de la façon la plus générale, envisagé à tous les
points de vue, tant à celui du vendeur pour lequel cet objet
est ce qu'il vend, qu'à celui de l'acheteur pour lequel cet
objet est ce qu'il achète. L'article ne distingue pas si c'est sur
l'objet de sa propre obligation que le contractant se trompe ou
si c'est sur l'objet de l'obligation de l'autre. C'est à l'erreur
que l'article donne le bénéfice de la nullité, non à l'erreur
chez telle personne spéciale.

Tout ce que nous venons de décider doit s'appliquer à
l'erreur sur la personne. Ici encore il faudra prononcer également la nullité que l'erreur soit commune aux deux parties
ou qu'elle n'existe que chez l'une d'elles. Mais comme ci-
dessus, la personne qui faute de déclarer avec qui elle entendait traiter aura commis une erreur de personne, si elle peut
faire annuler le contrat, devra en revanche des dommages
intérêts au cocontractant en vertu du principe de l'article
1382. Pothier l'enseignait ainsi : « Observez que si Jacques
qui ignorait que je le prenais pour Natoire a en conséquence
de cette convention erronée fait le tableau, je serai obligé de

le prendre et de le payer suivant le dire des experts. Mais ce n'est pas en ce cas la convention qui m'y oblige, cette convention qui est nulle ne pouvant produire aucune obligation. La cause de mon obligation est en ce cas l'équité, qui m'oblige à indemniser celui que j'ai par mon imprudence induit en erreur. Il naît de cette obligation une action qui s'appelle *actio in factum*.

Des dommages intérêts pourront même être dus à des tiers à cause du préjudice à eux causé par l'erreur. Soit un mandat donné par erreur à une personne qui n'est point celle à qui on voulait le donner. Des actes sont faits par le faux mandataire. Plus tard le mandant fait annuler le contrat pour cause de vice de consentement. Les actes faits seront annulés à l'encontre des tiers. Mais ceux-ci pourront actionner en dommages intérêts le mandant qui avait commis une erreur si préjudiciable à leurs intérêts.

Contrats unilatéraux. On appliquera toutes les décisions relatives aux personnes sauf celles qui supposent une pluralité de contractants.

APPENDICE. — Ce sera toujours à la personne qui prétendra avoir commis une erreur qu'il appartiendra de faire la preuve. On demande une nullité, une perturbation à l'effet ordinaire des conventions. Le juge ne doit pas l'accorder sans qu'on ait bien justifié devant lui des raisons majeures qui exceptionnellement demandent ce sacrifice impérieux de la stabilité du contrat. L'erreur ne peut se présumer : in dubio nocet error erranti. Quelque profonde que soit souvent l'obscurité de l'intelligence humaine, la clarté est cependant l'élément où elle se meut d'habitude.

On refusera d'autant plus d'ajouter foi aux présomptions que voudrait faire valoir la personne alléguant l'erreur que cette erreur sera plus grossière, plus inexcusable; de même que selon le degré d'excusabilité de l'erreur on sera plus ou moins sévère pour l'appréciation des dommages intérêts.

En dehors de ces deux points de vue nous ne voyons pas que la loi ait fait aucune distinction positive entre l'erreur excusable et l'erreur inexcusable. L'article 1110 est muet sur ce point et n'exige pas l'excusabilité de l'erreur pour la protéger. L'article 1112 au contraire, avant de donner le bénéfice de l'action en nullité à la crainte résultant de la violence demande qu'elle se justifie par une intensité de pression qui l'excuse; qu'elle résulte « d'une violence de nature à faire impression sur une personne raisonnable. » Dans l'article 1110 aucune restriction de ce genre. L'erreur si elle est prouvée, entraînera l'annulabilité, encore qu'elle soit grossière, qu'elle n'eût pas été commise par un homme un peu éclairé. La loi ne fait pas de différence entre les personnes jeunes ou âgées, entre celles dont la profession suppose peu de culture intellectuelle et celles qui au contraire exercent continuellement leur esprit.

Si tel devait être le dernier mot de notre théorie de l'erreur, nous serions tentés de mettre bien au-dessus du système du Code civil, celui des jurisconsultes romains. Au fond de l'œuvre des prudents nous avons entrevu deux idées capitales qui donnent une haute valeur philosophique à leurs travaux :

l'idée de protection, l'idée de responsabilité ; le vice cessant d'avoir droit à la sollicitude des lois quand il devient faute inexcusable.

Ces principes, nous sommes heureux de le dire, sont encore ceux de notre législation quoique leur application se produise sous une autre forme. L'article 1110 n'est point seul dans le Code. Il est dominé par la règle de l'article 1382 dont l'influence grandit peu à peu dans notre jurisprudence et devient immense à mesure que l'on reconnaît davantage l'empire de la volonté. La responsabilité de nos actes doit être d'autant plus complète qu'ils dérivent d'un plus libre exercice de notre vouloir.

Le vice une fois reconnu et prouvé, l'annulabilité sera acquise. Mais restera la question de responsabilité. C'est ici que les juges feront entrer toutes les considérations de fait qui rendront ou non excusable l'erreur, et en vertu desquelles des dommages intérêts pourront être dûs en proportions variables.

La protection de l'erreur ainsi tempérée doit satisfaire les esprits les plus soucieux de la stabilité des conventions, et nous approuvons son maintien dans nos Codes. On pourrait dire peut-être qu'il ne faut pas encourager l'ignorance ou l'erreur, que l'inattention et la légèreté d'esprit sont les sources les plus ordinaires de ce vice, qu'il ne mérite pas le secours qu'on lui accorde. Ces critiques seraient fondées sans l'intervention en notre matière du correctif de l'article 1382.

Mais si l'on est plus directement responsable de l'erreur que du vice résultant de dol ou de violence, si par sa nature plus cachée et plus intime cette cause de rescision est plus dange-

.reuse que les autres pour la confiance dans les transactions, devait-on la rayer de nos lois ? nous répétons que nous ne le pensons point. Longtemps encore le défaut d'instruction et d'habitudes intellectuelles livrera une partie des hommes aux dangers de l'ignorance. L'erreur n'assiége-t-elle même pas les esprits les plus cultivés ? Certes, le législateur doit assurer la sécurité des contrats qui font notre force et notre richesse, mais il doit s'incliner devant l'erreur qui est notre faiblesse et notre misère.

# CHAPITRE SECOND

## DOL

Le vice du consentement que nous examinons en second lieu, ce n'est point le dol, le dol est sa cause, c'est l'erreur qui provient du dol. L'ordre des articles voudrait que nous nous occupassions d'abord de la violence, mais nous nous permettons de ne point le suivre pour placer sous nos yeux sans interruption un tableau complet du vice d'erreur : de l'erreur spontanée comme de celle qui a la cause extérieure du dol.

Notre rubrique qui désigne, comme c'est l'usage, la cause du vice pour le vice lui-même se justifie cependant. Car notre étude doit ici porter uniquement sur le fait qui produit l'altération de la volonté, sur les manœuvres dolosives, non sur l'erreur en résultant. Nous n'aurons point comme dans notre précédent chapitre à donner des détails soit sur les objets, soit sur les personnes à propos desquels il faudrait envisager l'erreur. C'est le dol qui occupe ici toute l'attention du législateur : il détermine les caractères qu'il devra réunir pour être soumis à cette sanction civile : la nullité de l'engagement obtenu. Mais une fois ces caractères constatés dans une manœuvre dolosive, toute espèce d'erreur en provenant fera annuler le contrat ; ainsi l'erreur sur les motifs, l'erreur sur les qualités accidentelles. Il y a en effet dans les machinations qui déterminent le vice un caractère odieux qu'il faut poursuivre dans toutes ses conséquences. L'erreur empruntera à son origine la gravité que ne lui donnerait pas l'objet sur lequel elle portera.

On n'a point trouvé du dol de définition plus exacte que celle de Labéon citée par nous dans notre partie de droit romain. Pothier ne fait que la résumer en disant : « On appelle dol toute espèce d'artifices dont quelqu'un se sert pour en tromper un autre. » L'idée de dol implique nécessairement d'abord l'intention malhonnête, la volonté de nuire, en second lieu la réalisation de ce *consilium* par la production de l'erreur dans l'esprit d'un contractant au moyen d'artifices.

Quels sont précisément les artifices qui constituent le dol ? une énumération en est impossible. Les définitions de Labéon et de Pothier l'indiquent par leurs formules indéfinies. La mauvaise foi est une créatrice féconde de ruses toujours nouvelles se déroulant sous mille déguisements divers dans les recueils de jurisprudence. Nous reviendrons bientôt sur les principales formes du dol.

Avant d'entrer dans les conditions exigées pour qu'il vicie le contrat, séparons-le de tout ce avec quoi il pourrait être confondu.

La fraude a comme lui pour base une intention de nuire, mais elle se compose spécialement de manœuvres et actes de duplicité commis hors de la présence d'un tiers et au préjudice de ce tiers dans une opération où celui-ci n'intervient pas. Tels sont les actes en fraude des droits des créanciers (article 1167), les fraudes aux droits du trésor.

La simulation consiste à faire un acte qui en réalité dans l'intention des parties n'est point tel que ce que la manière dont il a été fait extérieurement le donne à croire. Elle n'est point en soi frauduleuse et résulte ordinairement du concert des parties. Par exemple il arrive fréquemment que de leur plein gré, donateur et donataire simulent une vente au lieu d'accomplir les formalités de la donation.

Ainsi soit dans la fraude, soit dans la simulation, nous ne voyons pas en principe cet élément du dol : la tromperie exercée à l'encontre d'un contractant. Nous les laisserons scrupuleusement de côté ; on a écrit des volumes sur chacune d'elles, et notre thèse devrait avoir plusieurs tomes si nous ne nous renfermions pas dans le cadre que nous nous sommes tracé.

Du dol visé par l'article 1116, il faut distinguer le dol toléré ou *dol marchand*. Il est admis que les commerçants exaltent leur marchandise, la flattent, se livrent pour la vendre à toute une mimique hypocrite faite pour illusionner l'acheteur sur les mérites de l'objet acquis. Dans les foires et les marchés, dans presque toutes les transactions commerciales, le vendeur dissimulera le défaut de sa chose, simulera même des qualités qu'elle n'a pas, exagèrera celles qu'ella a. « Pourvu, dit M. Larombière, que la mauvaise foi n'ait pas été jusqu'à changer l'extérieur de la chose par des artifices trompeurs et à empêcher de la part de l'autre partie toute vérification, toute découverte de la réalité, » la loi ne saurait atteindre cette espèce de dol. Ce sera l'œuvre des tribunaux d'apprécier où cesse le dol toléré, où commence celui que frappe notre article. Ils feront bien de consulter, pour s'aider dans cette mission délicate, les profondes analyses qu'a laissées Cicéron dans le De officiis : « sed aliter leges, aliter philosophi tollunt astutias : leges quatenus manu tenere possunt ; philosophi quatenus ratione et intelligentia. Ratio ergo hoc postulat, ne quid insidiose, ne quid simulate, ne quid fallaciter, » Lib. 3. n° 17. Pothier (1) après Cicéron condamne au point de vue du for intérieur ces manœuvres fallacieuses, mais il avoue que dans le for extérieur une partie ne peut être admise à se plaindre de ces atteintes à la bonne foi. Chacun doit s'y attendre, et ceux qui s'y laissent prendre sont en faute.

Dès que l'intention de nuire se présente avec un caractère qualifié comme délictueux par le Code pénal, le dol s'aggrave et devient susceptible de poursuites criminelles. On pourra joindre une action civile à l'action publique. Mais il ne faut pas confondre le dol criminel et le dol civil. Pour celui-ci, la loi ne demande que de simples manœuvres ayant surpris et trompé le consentement d'un cocontractant et non pas des machinations qui atteignent les proportions de l'escroquerie et de l'abus de confiance.

Nous ne devons point comprendre sous le nom de dol, ce que les docteurs appelaient *dolus re ipsâ*, dol réel, en se fondant sur une interprétation hasardeuse de la loi 36 au Digeste, de verb. obligat. : « Et si nullus dolus intervenit stipulantis, sed *res ipsa in se dolum habet.* » Dans les hypo-

---

(1) Obligations ch. 1 n° 30 et Vente 2. 2. 3. 2.

thèses où l'on voit le dol réel, il n'y a point dol proprement dit, mais seulement une lésion tellement extraordinaire, qu'il y a ou qu'il semble y avoir mauvaise foi de celui qui profite du contrat. On ne suppose pas de manœuvres dolosives. Or, l'article 1116 parle de « manœuvres pratiquées. » Il ne fait donc pas allusion au *dolus re ipsa* qui, restant avec son caractère unique de lésion, tombe sous le coup de l'article 1118 et ne produit pas rescision. Disons cependant que si ce *dolus re ipsa* ne constitue pas un dol, il peut servir de preuves à la perpétration d'artifices coupables tels que ceux contre lesquels a été édictée la nullité.

M. Bédarride, dans son traité du dol n<sup>os</sup> 46 à 49, nous paraît avoir surabondamment démontré que même en droit romain on n'avait jamais connu autre chose que le dol personnel. La jurisprudence de la cour de cassation n'en connaît non plus pas d'autre, comme le constate un arrêt du 4 juin 1810 rapporté dans Dalloz.

Nous passons à notre unique question dont la réponse comporte l'interprétation d'un unique article, l'article 1116 : *Conditions exigées pour que le dol vicie le contrat.*

Comme nous l'avons annoncé dans notre introduction, nous ne pouvons traiter que cette partie générale de l'étude du dol, et nous en dirons autant pour les autres vices du consentement. S'il nous fallait entrer, ne fût-ce que pour le dol, dans l'examen des manœuvres qui vicient certains actes juridiques en particulier, notre présent chapitre, à lui seul, se transformerait en un volume énorme. Nous aurions à étudier le dol dans le mariage, le dol dans l'article 909 et dans les libéralités, le dol dans l'article 348 du Code de Commerce en matière d'assurance maritime et terrestre, le dol dans les jugements, la requête civile, la prise à partie, le dol imputable aux officiers ministériels. L'immensité de cette tâche nous ferait cruellement regretter d'avoir entrepris un travail au-dessus de nos forces. Nous n'essaîrons donc pas de l'aborder. Nous continuerons à n'appliquer notre esprit qu'à l'observation des règles générales, à la recherche de leurs raisons philosophiques, à la critique de leurs imperfections. Quand plus tard, dans la pratique, nous serons en présence des espèces, la synthèse des principes que nous faisons aujourd'hui, ne nous sera pas d'un inutile secours pour les résoudre.

SECTION UNIQUE

## Conditions exigées pour que le dol vicie le Contrat.

L'article 1116 est ainsi conçu : « Le dol est une cause de nullité de la convention lorsque les manœuvres pratiquées par l'une des parties sont telles, qu'il est évident que sans ces manœuvres l'autre partie n'aurait pas contracté. »

Deux conditions sont donc exigées : 1° que le dol ait été pratiqué par l'une des parties. — 2° Que les manœuvres soient telles que, sans elles, l'autre partie n'aurait pas contracté.

## I. Il faut que le dol ait été pratiqué par l'une des parties.

Nous avons vu comment en droit romain cette condition se manifestait dans la formule *in personam* de l'*actio doli*. On ne pouvait attaquer le cocontractant par cette action que s'il avait commis le dol puisque l'*intentio* devait mentionner le nom du coupable et que ce coupable seul pouvait être frappé dans la *condemnatio*. Nous avons donné de cette conception particulière de l'*actio doli* une explication historique. Elle était le premier pas que faisait le préteur dans la voie de la protection de la volonté. Mais ce pas, le préteur l'avait fait pour ainsi dire en aveugle : la théorie philosophique du vouloir n'existait encore qu'à l'état de pressentiment. Ce que visait le magistrat romain, ce n'était pas la victime du dol, c'était le coupable. Il le punissait; l'action était infamante.

Dans l'actio *quod metus causâ*, le secours offert à la victime est plus efficace. Les nouvelles dispositions de l'édit sont plus conformes aux notions rationnelles. Sénèque le remarque dans ses *Controverses* 4 n° 26 : « la loi ne sévit point contre celui qui a exercé la violence; elle restitue simplement celui qui en a été victime; il lui paraît injuste de consacrer le contrat où le consentement n'a pas été libre mais forcé. Et peu importe qui lui a imposé cette contrainte, car le contrat est nul et rescindable du chef de celui qui a subi la violence et non de celui qui l'a exercée. »

Ces quelques paroles ne sont-elles pas applicables à la convention entachée de dol? N'est-elle pas nulle et rescin-

dable du chef de celui qui a été en butte à des artifices,
non du chef de celui qui a commis ces manœuvres? Le vice
de la volonté n'est-il pas le même, qu'il provienne du fait
du cocontractant ou du fait d'une tierce personne? A toutes
ces questions, on ne peut répondre que par l'affirmative
quand on s'inspire des hautes données morales qui domi-
nent notre sujet. Telle est en effet la réponse que leur donne
un esprit éminent, M. Larombière (1). Avec lui, nous dirons
que la première condition de l'article 1116 est condamnée
par la vraie philosophie du droit; « le dol devrait entraîner
la nullité du contrat, n'importe par qui il ait été pratiqué. »
Les rédacteurs du Code ont donc eu le tort de suivre la théorie romaine sans se demander si elle était bien en harmonie
avec l'équité qui était cependant leur guide suprême.

La majorité des auteurs réunie contre nous, par un commun désir de ne jamais prendre en défaut le législateur, se
divise fort quand il s'agit de donner l'explication de la décision de notre article. Pourquoi a-t-il consacré cette distinction célébre entre le dol et la violence? Pourquoi n'a-t-il
pas au contraire rompu avec la tradition? Chacun fournit
un avis divergent. On ramène toutes les faibles justifications
que nous avons déjà vues en droit romain; on en ajoute
d'autres. M. Larombière dépeint le trouble que jettent dans
le camp des admirateurs de l'article 1116 leurs efforts vers
des solutions spécieuses, et les censures que chacun d'eux
adresse au motif qu'un autre attribue au Code. Leurs opinions se détruisent entre elles.

_______________

(1) Obligations. 1. art. 1116, n°8.

M. Gide, que nous regrettons d'avoir contre nous, émet dans la *Revue pratique* (1865. t. 19 p. 239) des réflexions qui, à notre avis, excusent plus qu'elles n'absolvent notre article : « si cette répression est plus énergique pour les actes de violence que pour les actes de dol, rien de plus naturel et de plus logique ; car les actes de violence apportent dans les relations sociales un trouble bien plus grave et bien plus alarmant. » Sans doute la violence a toujours été considérée comme plus dangereuse que le dol ; mais si cette raison peut faire comprendre historiquement les différences de l'*actio doli* et de l'*actio quod metus causâ,* elle ne suffit plus pour justifier un code moderne où la solution juridique doit toujours être parallèle à la solution philosophique. Les *Controverses* de Sénèque, mieux que celles des Pandectes, auraient fait trouver la vérité aux jurisconsultes de 1804.

Oserons-nous faire observer à l'illustre romaniste de la faculté de Paris que, dans nos sociétés contemporaines, le dol est bien plus redoutable que la violence. Celle-ci est le danger permanent qui assiège l'individu chez les nations primitives ; mais dans les pays civilisés, le dol, l'astuce, la fourberie, la dissimulation sont les armes les plus habituellement dirigées contre les volontés qu'on veut dominer. Les personnes sont assez protégées de la violence par la sanction criminelle et par l'adoucissement des mœurs. Pourquoi le législateur a-t-il laissée incomplète, cette sanction civile que réclamait l'équité contre la violence la plus perfide qu'on puisse faire au vouloir : la violence des suggestions trompeuses et des artifices cachés !

La faute qu'ont commise les rédacteurs du Code dans l'article 1116 est d'autant plus malheureuse, qu'elle a servi de point de départ non seulement aux discussions sur le motif de notre première condition, mais encore à des controverses sur les conséquences qu'on en doit tirer.

Marcadé en déduit très logiquement que le dol ne vicie point le consentement. Il dit « qu'elle ne permet pas d'admettre le dol comme viciant réellement le consentement et le contrat, puisque ce consentement et ce contrat restent parfaits en face du dol qui n'émane pas de la partie contractante. » D'où il conclut que le dol ne peut donner naissance à une action en nullité, mais seulement à une action en dommages-intérêts. Si l'auteur du dol est le cocontractant, ces dommages-intérêts consisteront en la décharge de l'obligation résultant du contrat ; ce contrat sera par conséquent en quelque sorte annulé. Mais supposez que l'objet de la convention ait passé à un tiers acquéreur, comme l'action accordée contre le dol est une pure action personnelle en dommages-intérêts, la victime pourra bien demander une réparation pécuniaire au coupable mais ne pourra rentrer en possession de sa chose.

Nous n'admettons pas la solution de Marcadé, quoiqu'elle découlât bien de l'article 1116 s'il était isolé. Certainement en le consultant seul, on déclarerait que le dol n'altère point en droit, la volonté ; car s'il était reconnu comme la viciant, on ne distinguerait point quelle est la personne qui l'exerce, on n'aurait à l'envisager que quant à son sujet passif. Mais l'article 1116 est une anomalie ; on ne doit point baser sur lui une théorie que les principes généraux démentiraient. Or ces principes, l'article 1109 les énonce « Il n'y a point de consentement valable, dit-il, si le consentement..... a été..... surpris par dol. » Donc l'erreur provenant du dol est bien un vice du consentement, autant que l'erreur spontanée ou la crainte comprises dans le même article ; et cela d'après la déclaration expresse du législateur lui‑même. Donc nous devons accorder à la victime des manœuvres dolosives une action en nullité au même titre qu'aux personnes dont le vouloir a été vicié par des influences différentes. C'est ce que reconnaît formellement un arrêt rendu par la Cour suprême de Bruxelles, le 2 juin 1826, et dont les attendus établissent, mieux que nous ne pourrions le faire, l'opinion que nous avons adoptée. La Cour affirme spécialement, quant à l'effet que doit avoir la nullité pour cause de dol a l'égard des tiers : « que le Code civil met sur la même ligne la nullité résultant du défaut de consentement, soit pour cause de dol, soit pour cause d'erreur, soit pour cause de violence ;........ que par suite de l'annulation ou de la rescision, la convention étant reconnue avoir été dépourvue dès son origine, à cause du vice dont elle est entachée, du consentement qui pouvait seul constituer le *duorum in unum placitum consensus*, il en résulte que cette convention défectueuse n'a pu opérer de transfert valable de propriété en faveur de celui qui a commis le dol, vis à vis de celui qui en a été la victime, notamment *sous l'empire d'une législation où la propriété est transférée par le seul consentement, indépendamment de toute tradition.* » L'arrêt continue en citant le principe : nemo plus juris in alium transferre potest, contenu dans l'article 2125, en disant que

« le Code a rejeté la distinction faite antérieurement entre le dol et les autres causes de nullité ou de rescision des contrats ; distinction qui n'était point basée sur les principes fondamentaux en matière de convention, mais sur des considérations uniquement relatives à la différence établie par le droit romain entre les diverses actions et notamment sur celle que, sous l'empire de ce droit, l'action du chef de dol était infamante. » Il conclut, condamnant d'avance le système que plus tard soutint Marcadé : « que celui qui est fondé à poursuivre la nullité du chef de dol, l'est également à prétendre du même chef que le tiers acquéreur, quoique de bonne foi, ait à délaisser et abandonner les biens dont la victime du dol avait été dépouillée mais dont la propriété avait continué de résider en la personne de celle-ci. »

D'un point de départ commun au droit romain et au droit français, nous arrivons ainsi à des conséquences opposées.

S'il est nécessaire pour l'annulation du contrat que les artifices aient été pratiqués par un cocontractant, nous devons ajouter que le dol commis par un tiers pourra avoir une influence annulatrice en tant que déterminant l'erreur. Mais il faudra que cette erreur remplisse les conditions de notre chapitre premier.

On devra considérer le dol comme personnel à l'une des parties quand elle sera simplement de connivence ou de complicité avec l'auteur des manœuvres coupables ; l'esprit de la loi l'exige. Le dol exercé par le tuteur, le mari, le mandataire, l'administrateur, agissant dans le cercle de leurs pouvoirs, entraînerait aussi la rescision, mais sans dommages - intérêts contre la personne représentée, à moins qu'elle n'eût participé aux machinations (1).

Nous passons à la seconde condition voulue par l'article 1116 pour que le dol vicie le contrat.


## II. Il faut que les manœuvres soient telles que sans elles l'autre partie n'aurait pas contracté.


Nous retrouvons ici une des distinctions romaines, celle du *dol principal, dolus dans causam contractui*, et du *dol incident, dolus incidens in contractum*. Sera donc seul considéré comme viciant le consentement le dol qui aura fait naître l'intention de contracter, qui aura déterminé principalement la volonté de la personne trompée, laquelle n'aurait pas contracté sans ce dol. Au contraire s'il ne s'agit que d'un dol s'étant exercé sur des conditions accessoires de la convention, le secours de la loi n'interviendra point. Soit une personne en quête d'un placement de capitaux. Un propriétaire d'immeubles se présente et engage le capitaliste au moyen de manœuvres dolosives à acheter des terrains à bâtir dont il a hâte de se débarasser. Il lui présente des plans de prétendus travaux publics dont son crédit, dit-il, lui a fait obtenir communication. Ces travaux augmenteront la valeur du quartier. Le capitaliste déçu par cette perspective trompeuse signe le contrat. Ce contrat sera entaché de dol *dans causam contractui*. Mais si

---

(1) Duranton t. 10 n° 186. — Delvincourt t. 2 p. 679.

un achat étant déjà convenu entre deux personnes en dehors de toutes tromperies, l'une d'elles a simplement employé des allégations fallacieuses pour faire payer son terrain plus cher qu'on ne l'aurait payé, en ce cas il n'y a qu'un dol incident, il n'y aura point lieu à rescision.

L'interprétation de la volonté des parties, la recherche de ce qui les a déterminées à s'engager, telles devront être les préoccupations des juges en notre matière. La victime des manœuvres artificieuses aurait-elle contracté sans leur influence? Telle est la seule question qu'on ait à résoudre. Mais nous devons insister et dire avec Demolombe qu'il ne suffit pas pour que le le dol annule la convention que sans lui les parties n'eussent pas contracté *aux mêmes conditions*, il faut, qu'elles n'eussent pas contracté *du tout*. Comme l'observe l'illustre commentateur, « le dol n'est une cause de nullité du contrat que parce qu'il a surpris le consentement de la partie ; or on ne peut pas dire que le consentement de la partie a été surpris, lorsqu'il est évident qu'elle aurait consenti, indépendamment même de ce dol. »

Cette théorie se rapproche beaucoup de celle que nous avons vue plus haut pour l'erreur spontanée. De même que celle-ci n'est une cause de nullité que si elle porte sur la substance, de même ici l'erreur résultant du dol ne sera une cause de rescision que si elle a été la cause déterminante du contrat, si elle a vicié la volonté d'une manière capitale.

Ce sera pour les juges une question d'appréciation que celle de savoir si le dol n'a influé que sur une des conditions accessoires de la convention ou si au contraire il a amené les

parties à contracter. M. Demolombe (1) engage les magistrats à
se demander notamment sur quel objet la partie a été trompée
et quelle est l'importance relative de cet objet dans le contrat.
Telle condition accessoire dans un acte à notre point de vue
peut être essentielle dans un autre et si on l'a acceptée par
suite de dol, il peut être vrai de dire que le dol a déterminé
le consentement. Ainsi la personne qui a fait choix d'une
maison pour l'habiter ne pourra dire qu'elle a été amenée par
dol à l'acheter, encore qu'on l'ait trompée artificieusement
sur le prix et qu'elle l'ait payée plus cher qu'elle ne l'aurait
fait sans le dol. Le prix était pour cette personne d'une
importance secondaire; l'objet principal pour elle c'étaient
les avantages particuliers qu'elle trouvait dans l'habitation
d'une maison à sa convenance. Mais si nous supposons un
achat de terrain fait comme placement de fonds, ici le point
capital de l'acte sera que l'immeuble ait une valeur équiva-
lente au prix payé. Si par dol on entraîne l'acheteur à payer
un prix qu'il n'aurait point donné en l'absence de tromperies,
nous déclarerons qu'il y a *dolus dans causam*. Lors même que
le capitaliste fut déjà décidé à contracter sur tel terrain, il
est évident qu'il n'aurait pas fait l'achat s'il avait connu que
le prix demandé était hors de proportion avec ce que valait
réellement l'immeuble. Les artifices qui l'ont induit en erreur
sur une chose essentielle pour lui, accessoire pour d'autres,
ont donc ici déterminé le consentement. Nous annulerions
donc la vente comme dolosive.

M. Larombière observe, t. 1, art. 1116 n° 6, que le dol

---

(1) Traité des Contrats. 1. n° 176.

postérieur à la formation du contrat n'est pas une cause de nullité. Il était inutile d'en faire la remarque après avoir posé le principe que nous venons d'étudier. Le dol postérieur au contrat ne peut être *dolus dans causam.*

On trouve ce dol dans les actes simulés. Je vends une chose sans que mon consentement soit aucunement vicié, mais l'acquéreur obtient par dol que je dissimule dans l'acte une partie du prix; puis plus tard il se refuse à payer cette portion du prix qui n'est point mentionnée. La convention ne saurait être annulée. Il s'agira seulement de savoir si le vendeur pourra prouver, à défaut de preuve écrite, quel était le prix réel.

Il ne faudra pas regarder même comme dol incident le dol marchand. Et il y a à cela un intérêt sensible. Si le dol incident ne donne pas lieu à rescision, il est néammoins l'occasion d'une action en dommages intérêts contre celui qui l'a commis, en vertu du principe de l'article 1382. — Cette action n'étant point de celles qui ont pour but une nullité se prescrira par 30 ans.

Après avoir vu que les manœuvres dolosives pour être considérées comme viciant la convention doivent être telles que sans elles les parties n'auraient pas contracté, examinons rapidement les principaux faits qui d'ordinaire peuvent constituer le dol.

Et d'abord, faut-il que comme les faits de violence, ils soient de nature a faire impression sur une personne raisonnable? L'article 1116 n'exige point cette condition que renferme l'article 1112 pour le vice que nous étudierons bientôt. Nous profiterons du silence des textes et nous n'introduirons pas en notre matière une difficulté volontaire. Nous dirons avec M. Bédarride (Traité du dol, n° 26) que chaque espèce devra se résoudre par les moyens qui lui seront propres et non par une règle générale comme celle qui est posée par l'article 1112. « La question posée sera uniquement celle-ci : le demandeur a-t-il cédé ou dû céder aux manœuvres déployées pour pervertir sa volonté et égarer son consentement. »

Le dol consistera soit en un fait positif soit en un fait négatif. Le *dol positif* se produit par paroles ou par actions. Par paroles au moyen de mensonges, de promesses fallacieuses ; par actions au moyen de toute espèce de manœuvres et de déguisements. En général, les fausses allégations se joignent à d'autres manœuvres, le mensonge s'entoure de documents trompeurs qui lui donnent leur appui décevant. Mais à supposer qu'à lui seul le mensonge ne suffise pas pour constituer un dol véritable, on pourrait décider néanmoins que le contrat doit être résilié pour cause d'erreur.

Il y a *dol négatif* ou par réticence quand on tait ou qu'on dissimule une chose dont la connaissance importe à l'autre partie et eût empêché la convention. Le dol négatif remplit donc les conditions exigées par l'article 1116 ; il est tel que sans lui les parties n'auraient pas contracté. Celui qui vend un immeuble dont il sait que la démolition est ordonnée par l'autorité et qui se tait sur ce fait, commet un dol négatif. La vente sera annulable.

L'admission du dol négatif au rang de cause de nullité ne souffre aucun doute pour nous. L'article 1116 le comprend dans la généralité de ses termes. Une manœuvre peut-être pratiquée par le silence comme par la parole ; c'est ainsi que l'entendent MM. Demolombe et Bédarride. Aussi sommes-nous étonnés de lire dans la note 3 de la page 237 des Textes choisis de M. Vernet « que les contrats en droit français, quoique tous de bonne foi né sont rescindables que pour cause de dol positif. »

Mais il sera souvent fort difficile de décider si telle réticence doit être déclarée frauduleuse. Il est en effet des éclaircissements qu'aucune loi ne peut obliger à donner. Les juges seront encore souverains appréciateurs de la nature et de la gravité de la réticence. M. Bédarride s'appuyant sur les termes de l'article 348 du Code de commerce, donne comme un moyen sûr d'apprécier le dol négatif, l'examen de la question suivante : « on se demandera si la dissimulation ou la réticence ont eu pour objet de mettre sciemment une partie dans l'impossibilité de défendre suffisamment ses intérêts ou de calculer l'étendue de son obligation relativement à l'équivalent qu'elle doit recevoir. »

Nous avons dit plusieurs fois que les tribunaux auront à constater et à apprécier les faits argués de dol, qu'ils auront à déclarer s'ils présentent les caractères voulus pour constituer le vice qui annule. La Cour de cassation ne pourrait être appelée à reprendre cet examen des faits sous prétexte qu'ils ont été mal qualifiés et appréciés dans les jugements. Mais les arrêts pourront au contraire être déférés à la Cour suprême, si les faits tels qu'ils y sont constatés n'offraient pas le double caractère exigé par l'article 1116. Ces considérations se trouvent justifiées notamment par une décision de rejet du 2 mars 1840 rapportée dans Dalloz. « Il appartient exclusivement aux juges de reconnaître l'existence et l'efficacité évidentes de telles manœuvres. — Et attendu qu'il a été décidé en fait... — Que d'après ces faits, en déclarant nul et de nul effet ce même acte de cession, l'arrêt attaqué, loin de violer l'article 1116, en a fait une juste application... »

APPENDICE. — Le § 2 de l'article 1116 dit : « le dol ne se présume pas et doit être prouvé. » On a inséré cette disposition empruntée à Pothier (n° 30 obligat.) pour indiquer qu'il ne se présume pas « fraus non presumitur » et que « les mauvaises manœuvres doivent être pleinement justifiées. Dolum non nisi perspicuis indiciis probari convenit. L. 6. Code, de dolo malo. » (1)

Il existe cependant des cas où le dol est légalement présumé : les décisions des articles, 472 relatif à certains traités intervenus entre le tuteur et le pupille, et 909 relatif aux dispositions faites aux médecins et pharmaciens par leurs malades défunts sont fondées sur des présomptions de dol.

La preuve du dol s'opère par tous les moyens ; son étude n'entre pas directement dans notre cadre.

---

(1) Pothier loc. cit.

# CHAPITRE TROISIÈME

# VIOLENCE

Pothier traite de ce vice sous la rubrique : « du défaut de liberté. » Nous savons que les jurisconsultes romains employaient l'expression : *metus*. Notre Code aurait pu se servir de sa traduction naturelle : *crainte*. (1) Mais pour des raisons analogues à celles que nous avons vues à propos du dol, on a préféré le nom de la cause à celui de l'effet.

Il serait inutile de revenir sur la distinction que nous avons faite en droit romain entre les deux espèces de violences : *vis absoluta* et *vis compulsiva*. Nous n'avons à nous occuper que de cette dernière. C'est elle qui produit la crainte, c'est-à-dire, ce vice qui atteint la volonté quand elle se détermine, non pas dans l'exercice entier de son libre-arbitre, mais sous l'influence extérieure de menaces ou de faits attentatoires aux personnes ou aux biens. A ce point de vue, la crainte est le plus grave des vices du consentement. Elle blesse une faculté qui dans l'ordre moral comme dans l'ordre social est la première de toutes : la liberté. La protection de la loi devait être large et puissante. Elle l'a été; elle est telle que l'attendait

_______________

(1) Locré. T. 12. 2. 1, n° 7.

un pays où plus qu'en aucun autre a toujours été proclamée la maxime : le droit prime la force.

Nous avons à examiner quels caractères doit revêtir la violence pour que le législateur reconnaisse à la crainte en résultant le pouvoir d'annulation. Ce sera l'objet de notre première question :

*Conditions exigées pour que la violence vicie le contrat.*

Nous parlerons ensuite de deux cas spéciaux où la volonté subit une contrainte très-différente de la violence proprement dite mais dont l'étude complétera notre théorie et le commentaire des articles 1111 à 1115; les cas de *crainte révérentielle* et de *force majeure.*

SECTION UNIQUE

## Conditions exigées pour que la violence vicie le Contrat.

L'article 1112 dit : « Il y a violence, lorsqu'elle est de nature à faire impression sur une personne raisonnable et qu'elle peut lui inspirer la crainte d'exposer sa personne ou sa fortune à un mal considérable et présent.... »

Cet énoncé contient le résumé de nos conditions. Nous les formulerons en deux propositions : 1° Il faut que la violence soit de nature à faire impression sur une personne raisonnable. — 2° Il faut que la violence inspire la crainte d'un mal considérable et présent. Ces deux conditions se tiennent l'une l'autre.

## I. — Il faut que la violence soit de nature à faire impression sur une personne raisonnable.

Longtemps les anciennes règles romaines sur cette première condition, règles différentes des nôtres, ont séduit l'esprit des penseurs. Nos juristes du XVIᵉ siècle les avaient mises en honneur. Elles exprimaient bien le stoïcisme de ces Romains, qui, selon le glorieux éloge de Montesquieu, « avaient l'âme aussi haute et aussi ferme que leur main était forte et puissante. » Mais Pothier en comprenait déjà l'exagération : « tous ces principes sont très-justes, disait-il... sauf que celui qui ne connaît d'autre crainte suffisante pour faire pécher un contrat par défaut de liberté, que celle qui est capable de faire impression sur l'homme le plus courageux, est trop rigide et ne doit pas être par nous suivi à la lettre : mais on doit en cette matière avoir égard à l'âge, au sexe, et à la condition des personnes... » Obligat. nᵒ 25 in fine. Nos législateurs ont suivi l'avis de Pothier. Ils ont compris comme lui l'homme tel qu'il est, tel que le font « les misères d'une nature dépravée. » (1)

Donc, l'article 1112 n'exige pas comme le droit romain que la violence soit de nature à impressionner un homme très-courageux, il lui suffit, qu'elle ait été capable d'influencer une personne raisonnable. L'article ajoute dans son § 2, copiant Pothier : « On a égard en cette matière, à l'âge, au sexe et à la condition des personnes. » Ce § 2 est le complé-

---

(1) Pascal, Pensées.

ment inséparable du § 1 , auquel il enlève ce qu'il pourrait avoir encore d'absolu. Il prouve que le Code n'ordonne pas aux magistrats chargés d'apprécier les faits, de juger si *in abstracto,* les violences auraient influencé un homme raisonnable, et de ne prononcer la nullité qu'en cette hypothèse. Le Code demande au contraire une appréciation *in concreto* des circonstances. Si telle personne qui se plaint d'avoir été violentée, eu égard à son âge, à son sexe, à sa condition, a dû réellement subir la crainte, le contrat consenti sous la pression de ce mobile devra être rescindé. Mais le § 1 est une sorte de correctif de l'humanité de la loi : il avertit les juges de ne point admettre une crainte dénotant chez une personne raisonnable d'une condition donnée, une pusillanimité impardonnable, inexcusable. Ainsi en harmonisant les deux paragraphes de notre article, nous arrivons encore à ce principe que nous aimons à voir rayonner sur notre thèse : le principe de la responsabilité de ses fautes pour chacun.

Certains auteurs au lieu d'interpréter l'une par l'autre les dispositions que nous venons d'analyser y voient une inconséquence de rédaction. Ils les séparent : le § 1 disent-ils donne comme *criterium* d'appréciation l'influence du fait violent sur une personne raisonnable ; le § 2 enlève au contraire tout moyen absolu de décision. M. Colmet de Santerre (T. v. n° 22 bis) explique cette prétendue inconséquence d'une manière ingénieuse. Le § 1 établit, d'après lui, un *maximum.* Quand la violence aura atteint ce degré extrême, l'homme le plus courageux doit être délié du contrat, quoiqu'il fût peut-être possible de prouver qu'eu égard à son caractère personnel il a pu ne pas être effrayé. Le § 2 contiendrait au contraire un *minimum*. Si la personne violentée est par son âge, son sexe, ou sa condition plus facile à se laisser terrifier qu'une personne raisonnable, alors le juge doit admettre cependant la nullité : « si la loi devait être entendue autrement, dit le jurisconsulte, la protection de la loi manquerait justement à ceux qui en ont le plus grand besoin, et j'aurais peine à admettre qu'une décision semblable pût se justifier, en alléguant la faute de celui qui a subi l'influence d'une crainte déraisonnable, parce que la faiblesse d'esprit, le défaut de culture de l'intelligence est bien souvent un malheur de nature ou le résultat de circonstances de la vie parfaitement étrangères à celui qui les a subies. » (1)

Au fond, M. Colmet de Santerre est d'un avis semblable au nôtre dans la seconde partie de sa démonstration ; car nous admettons parfaitement que chez une personne dont la faiblesse d'esprit et le défaut de culture intellectuelle forment la « condition » au sens de notre article, une crainte déraisonnable pourra être déclarée excusable et admise à vicier le contrat. M. Bigot Preameneu, dans les procès-verbaux du Conseil d'Etat (Locré. T. 12. 2. 1 n° 7), dit qu'on a voulu « qu'on ne pût par de vaines allégations ébranler des conven-« tions valables. » Mais il est évident que telle allégation vaine pour une personne de raison ne l'est plus quand il s'agit d'un individu faible d'esprit.

---

(1) Colmet de Santerre. Obligations. V. 26.

## II. — Il faut que la violence inspire la crainte d'un mal considérable et présent.

Cette condition se lie à la première et ne doit pas être interprétée dans le sens strict qu'on lui attribuerait si elle était isolée. Elle exprime uniquement ce fait général, que pour les personnes raisonnables composant la majorité des hommes, la crainte d'un mal considérable et présent peut seule vicier le consentement. Mais telle menace qui pour la plupart des caractères ne produirait pas une crainte suffisante, pour un malade, pour une femme impressionnable, pour un faible d'esprit, suffira au contraire à déterminer le vice dont nous nous occupons.

La violence peut consister non seulement en faits tels que des coups, de mauvais traitements, mais encore et surtout en menaces. On comprend sous cette expression tout le mal qu'un individu peut faire à un autre, dans sa personne par des sévices matériels, par des calomnies, des dénonciations ; dans sa fortune par des faits ou menaces d'incendie, de destruction, de suppression de titres. Des gestes, des écrits, des paroles jetteront le trouble dans une volonté. La violence varie à l'infini ; on ne saurait dresser une liste de ses manifestations. Nous devons nous contenter de cette idée générale : il y a violence toutes les fois qu'il y a eu intimidation certaine produite par des manœuvres dont le but était d'enlever à un contractant la plénitude de son libre arbitre.

Notons qu'il n'est point nécessaire que la violence dont s'agit ait les caractères des violences prévues par le Code pénal comme constituant des délits ou des crimes ; et qu'on pourrait poursuivre civilement la nullité d'un acte en arguant de faits ou de menaces sur lesquels un acquittement serait intervenu.

I. Que devons nous entendre par les termes dont s'est servi le Code : « crainte d'un mal *considérable* ? » Il est impossible de donner une réponse absolue. Les magistrats auront à apprécier. On tiendra compte non-seulement du fait en lui-même et des personnes qui l'ont commis ou contre lesquelles il a été commis mais des circonstances de lieu, de temps. Par exemple une menace de vol devra produire une crainte plus intense si elle a lieu dans une région infestée de malfaiteurs ; une menace d'incendie aura un effet plus vif si elle est proférée à la campagne à la saison où les blés mûrs et coupés sont sur aire.

Il n'y aura pas lieu d'exiger que le « mal considérable » fut nécessairement à craindre, qu'il dût selon l'ordre naturel des choses atteindre celui qui s'en croyait menacé. M. Demolombe cite à ce propos l'exemple d'un homme innocent de tout crime, qui, menacé d'une dénonciation pour meurtre aura signé une obligation à l'auteur de ces menaces. Ces menaces devront être appréciées comme un mal considérable, selon les circonstances, quoiqu'en réalité l'innocence de l'obligé le mît à l'abri des peines du meurtre. Car on a vu souvent un malheureux concours de circonstances accabler l'innocent. On ne peut reprocher à un homme ordinaire même très-raisonnable, de ne pas être comme le juste d'Horace : impassible dans sa concience, sans s'émouvoir des dénonciations dirigées contre lui.

M. Duranton (1) partage sur ce point l'opinion de Demolombe et de Larombière : (2) « les engagements... souscrits... pour prévenir une dénonciation calomnieuse, ne seraient donc que l'effet d'une crainte grave, d'une violence caractérisée, et seraient en conséquence nuls, pour ce motif, indépendamment de ce qu'ils le seraient pour dol et pour défaut de cause. »

Le mal considérable existera, nous l'avons observé, soit qu'il porte atteinte à la personne même, soit qu'il compromette la fortune ; « ... crainte d'exposer sa personne ou sa fortune... » dit l'article 1112. On a jugé qu'il n'y avait pas lieu à l'application de nos dispositions : dans le cas d'un directeur de théâtre menacé par un acteur indispensable de cesser son concours aux représentations (Trib. de commerce de Paris, 2 mars 1831); — dans le cas d'un débiteur profitant de la gêne de son créancier pour ne lui accorder un paîment immédiat qu'au prix d'une réduction de sa créance. La jurisprudence montre par ces décisions qu'elle exige plus que des menaces tendant à une lésion d'intérêts, qu'elle exige des menaces tendant à un ébranlement sérieux de la fortune.

Quoique l'article n'en fasse point mention, il faut comme le voulaient les jurisconsultes romains que la violence soit injuste : *adversus bonos mores*. Cette condition, sous-entendue dans la loi, est l'occasion de nombreuses controverses dans la pratique. En principe toute violence est injuste. Quand on

---

(1) T. X. n° 147.
(2) Art. 1111—1114, n° 8.

dit que la violence injuste seule vicie le contrat, on veut exprimer qu'on ne devra point voir un fait de violence dans la menace d'exercer un droit légitime, dans l'exercice d'un droit propre.

Mais c'est précisément l'application de cette règle qui soulève des difficultés. Où cesse l'exercice du droit? où en commence l'abus? tel est le point qu'il est délicat de préciser. L'obligation consentie sous la pression de la crainte d'une action en justice que nous supposons fondée, sera-t-elle toujours valable? pourra-t-on au contraire la rescinder en certains cas pour cause de violence? La question se posait fréquemment autrefois à propos de la contrainte par corps, elle reste aujourd'hui avec un intérêt égal pour des menaces de saisie, d'expropriation, de l'exercice quelconque d'un droit.

D'après Pothier, « les voies de droit ne peuvent jamais passer pour une violence injuste : c'est pourquoi un débiteur ne peut jamais se pourvoir contre un contrat qu'il a fait avec son créancier, sur le seul prétexte qu'il a été intimidé par les menaces que le créancier lui a faites d'exercer contre lui les contraintes par corps qu'il avait droit d'exercer, ni même sur le prétexte qu'il a fait ce contrat en prison, lorsque ce créancier a eu le droit de l'incarcérer. (1) » Toullier se déclare partisan de cette doctrine.

L'ancienne jurisprudence du Parlement de Paris d'après divers documents rapportés par Merlin (2) la repoussait cependant. Un conseiller à ce parlement, Lépine de Grandville,

---

(1) Obligat. n° 26.
(2) Questions de droit. V° *Crainte.*

dans un arrêt du 13 août 1722, avait proposé d'annuler l'acte passé par une personne emprisonnée, quoiqu'elle le fût légalement, dans le cas où cet acte lui causait une lésion, si on pouvait présumer qu'elle ne l'eût pas fait en liberté.

Nous laissons de côté l'idée de lésion, et nous disons : il y a violence et non plus seulement exercice d'un droit, toutes les fois qu'on se sert de la menace de cet exercice pour extorquer autre chose que ce qu'on aurait obtenu par l'application normale du droit. On a contre moi la faculté de saisie pour une somme de 10,000 francs. Au moyen de manœuvres, mon créancier m'effraie sur les conséquences de sa poursuite, commence des voies d'exécution et profitant du trouble dont elles m'accablent, me fait consentir à un contrat par lequel je lui cède une maison qu'il convoitait et que je n'aurais point abandonnée ainsi si j'avais eu ma pleine volonté. Nous prononcerons la nullité de la convention, lors même qu'elle ne serait aucunement lésionnaire. En effet, que comportait le droit du créancier ? le paîment de 10,000 francs. C'est l'altération du consentement du débiteur qui lui a fait obtenir autre chose ; le contrat a été extorqué ; il est rescindable.

La Cour de Bruxelles décidait déjà en ce sens, dès le 28 mai 1812, que l'obligation souscrite en prison est nulle quand le contractant avait motif de croire qu'elle hâterait sa mise en liberté, et s'est engagé au profit de celui qui a contribué à l'incarcération pour une somme supérieure à celle dûe.

Une personne est surprise en flagrant délit d'adultère par le mari. L'offensé est certainement en droit de faire une dénonciation, d'exercer une action contre le coupable. Spé-

culant sur la terreur que son apparition a inspirée, il menace
son rival de poursuites scandaleuses à moins que, comme
réparation de son délit, il ne lui signe une obligation exces-
sive. La convention sera annulable pour cause de crainte.
Dira-t-on que le mari n'a fait qu'user de son droit, c'est
peut-être vrai. Mais au point de vue de l'équité qui doit
régner dans notre théorie, outre qu'il y a vice de consentement
il y a le plus vil abus du droit.

Au demeurant dans toutes ces questions, l'examen des faits
éclairera davantage le magistrat que les propositions les plus
lumineuses. Seul cet examen permettra d'apprécier une chose
capitale : s'il y a eu intimidation produite abusivement, ou
seulement la crainte salutaire que doit déterminer l'exercice
du droit, quand il met avec lui la force légale, non la
violence.

On présumera qu'il n'y a pas eu contrainte répréhensible et
que partant, la convention doit être maintenue quand la
personne obligée se sera engagée de son propre mouvement
pour se racheter de la situation où la mettrait le droit de son
adversaire, quand elle aura proposé le contrat. M. Duranton
prononce cependant la rescision même dans ce cas. Nous
répétons que l'examen du fait sera le moyen infaillible de
résoudre équitablement les espèces.

II. Nous avons étudié le premier des caractères du mal dont
parle l'article 1112. Il faut en second lieu, au dire de la loi,
que ce mal soit « *présent.* » Nous n'interpréterons point ce
mot d'une façon stricte. Ici plus qu'en aucune autre partie du
Code, il est sage de s'en référer à l'intention du législateur, non

au texte pris dans son sens absolu. Nous pensons donc qu'il faut que le mal dont on est menacé soit imminent, mais qu'il n'est point nécessaire qu'il soit concomitant à la crainte. Cette condition est l'expression de la raison même : la crainte ne serait en effet pas sérieuse si elle n'avait pour cause qu'un événement ou une menace réalisables dans un avenir lointain. On recherchera dans le fait sur lequel sera basée l'action en nullité, s'il y a entre lui et la crainte une relation assez logique pour qu'on puisse voir entr'eux le rapport de cause à effet. Cette relation existera rarement si un long intervalle de temps les sépare. Voila le sens de l'article 1112.

L'historique de notre texte nous donne raison. M. Favard, dans l'*Exposé des motifs,* (1) rappelle que ses dispositions ont été empruntées à Pothier. Or il suffit de lire le n° 25 du Traité des obligations pour voir que la seule crainte à laquelle on ait voulu enlever le bénéfice de la nullité est celle qui aurait pour origine « des menaces vagues et pour l'avenir et dont on s'est vainement intimidé. » Les rédacteurs du Code n'out donc pas refusé leur secours à celle qui, quoique n'ayant pas pour objet un mal présent, serait cependant sérieuse en raison de l'imminence plus ou moins grande de la violence. M. Larombière (2) qui adopte cette opinion, rappelle que le mot « présent » est la reproduction du contre-sens de Pothier sur la loi 9, et que le Code civil doit ici être expliqué par le droit romain. La plupart des auteurs sont d'accord sur le

---

(1) Locré T. 12. p. 422. 2. 9. 3.
(2) T. 1 art. 1112.

point qui nous occupe (1), et la Cour de Cassation appuie leur commun avis, notamment dans un arrêt du 4 novembre 1835 (2). MM. Aubry et Rau se rangent aussi au système général, mais par un procédé qui ne manque pas lui-même de violence : ils pensent qu'il faudrait supprimer le mot « présent » et lui en substituer un autre (3).

Quand la violence ne réunira point les conditions voulues pour donner à la personne qui l'aura subie une action en nullité, cette personne pourra cependant tirer raison des actes dont elle aura été victime, en dehors même d'une sanction criminelle. D'abord, en vertu de l'article 1382, il sera le plus souvent possible de demander des dommages intérêts. En second lieu, il arrivera que les faits, insuffisants pour être qualifiés de violences pourront être considérés comme manœuvres dolosives, machinations ayant pour but d'amener quelqu'un à contracter : ainsi des menaces faites artificieusement. Enfin, souvent l'obligation pourra être déclarée nulle comme étant sans cause ou comme ayant une cause illicite.

Après avoir analysé dans le texte de l'article 1112 les conditions dont nous achevons la revue, nous devons pénétrer dans certaines questions de détail. Si nous supposons une violence de nature à faire impression sur une personne raisonnable, constituant un mal considérable, injuste, une

---

(1) Delvincourt II. p. 461. — Duranton X nº 151.
(2) Dalloz. Repert. Alph. obligat. nº 180.
(3) T. 4 § 343. note 11.

crainte actuelle , voyons *par qui elle doit être commise* et *sur qui.*

PAR QUI LA VIOLENCE DOIT ÊTRE COMMISE. — L'article 1111 répond : «la violence est une cause de nullité, encore qu'elle ait été exercée par un tiers autre que celui au profit duquel la convention a été faite.» C'est la différence célébre entre le dol et la violence sur laquelle nous n'avons plus à revenir. Tandis qu'il faut pour celui-là qu'il ait été l'œuvre du cocontractant lui-même, pour celle-ci, elle produira la nullité qu'elle ait été commise par le contractant même qui en a profité ou par toute autre personne. Il suffit que conformément à l'article 1109 elle ait été exercée dans le but d'extorquer le consentement.

Les auteurs qui vinrent après la renaissance, Grotius d'abord puis Pufendorf et Barbeyrac, discutèrent au point de vue du droit naturel le principe qu'avait établi le droit romain. Le premier prétendait qu'on ne devait point annuler le contrat dans lequel la violence a été exercée par un autre que le cocontractant. Les deux autres établissent au contraire que le droit naturel est en conformité sur ce point avec la loi positive. Pothier dans la suite se déclara dans ce sens. Que deviendraient en effet, la sécurité des conventions, la liberté des contrats, si sous le masque d'une personne étrangère on pouvait contraindre autrui par la violence à accepter des engagements qui ne pourraient être annulés ? L'article 1111 est une garantie nécessaire pour l'ordre social tout entier comme pour les relations privées. Et il a de plus le mérite d'exprimer cette idée philosophique que le vice de la volonté est le même quelle que soit la personne qui le fasse naître.

Sur qui la violence doit être commise. — Article 1113 : « la violence est une cause de nullité du contrat, non-seulement lorsqu'elle a été exercée sur la partie contractante, mais encore lorsqu'elle l'a été sur son époux ou sur son épouse, sur ses descendants ou ses ascendants.» Qu'importe en effet, que la violence n'ait pas été dirigée contre celui-là même qui s'est engagé? Ce n'est point le fait matériel de brutalité qui cause la rescision, c'est la crainte qu'il jette dans l'âme. Or cette crainte n'influera-t-elle pas également sur la volonté du contractant si au lieu d'être produite par un péril personnel, elle l'est par le péril que court un père, un enfant, une épouse ? La terreur ne sera-t-elle même pas plus affreuse, n'étreindra-t-elle même pas davantage le cœur d'un homme généreux quad il se verra menacé dans ce qu'il aime encore plus que lui-même? Nos législateurs ont donc eu raison d'étendre la règle romaine laquelle ne mentionnait que les enfants.

Mais ne faut-il pas agrandir l'article 1113, et décider qu'il y a crainte annulatrice dans les cas où la violence serait exercée sur d'autres personnes que celles énumérées par la loi ? L'article est-il simplement énumératif ou est-il limitatif? Des auteurs éminents se livrent sur cette question à des controverses qui nous paraissent oiseuses, accordant aux enfants naturels mais refusant aux fils adoptifs la faveur d'entrer sous la protection du bienveillant article. Il a pour origine, disent-ils, la présomption d'un sentiment d'affection que les liens du sang peuvent seuls donner. Il ne doit donc pas être étendu aux personnes que ces liens naturels n'unissent point (1).

M. Colmet de Santerre professe une doctrine plus élevée : « les tribunaux, dit-il, peuvent suivant les circonstances, considérer le contractant comme ayant été influencé par les menaces adressées même à un étranger, quand l'atrocité ou l'imminence du danger devait déterminer tout homme de cœur à faire les plus grands sacrifices même pour un inconnu » (2). M. Demolombe soutient cette opinion avec une chaleur d'éloquence qui à elle seule entraînerait la conviction si son autorité scientifique ne suffisait pas. Nous la partageons entièrement. Comme nous avons déjà eu occasion de le dire, nos articles ne sont point des textes implacables ; ils expriment l'idée générale des rédacteurs du Code sur les hypothèses les plus ordinaires, laissant aux tribunaux le soin de juger les autres espèces en se conformant à l'esprit qu'ils manifestent. Nous sommes dans une partie du droit, où « quelquefois en appliquant le texte, on viole l'intention du législateur » selon l'expression d'un praticien distingué. (3) Or quelle est l'intention du législateur ? Elle éclate à chaque instant dans les travaux préparatoires. L'orateur du gouvernement la proclame au tribunat ; elle est d'inspirer cette théorie « de la morale publique du plus grand peuple de l'Europe..... des éternelles vérités sur lesquelles repose la morale de tous les peuples. Le livre où on la puise doit être

---

(1) Delvincourt, II. p. 461. — Aubry et Rau II. p. 469. note 16. — Duranton. X. n° 152.

(2) Art. 1113 n° 23 bis.

(3) M. Alfred de Courcy. *Questions de droit maritime*. Préface. p. 12.

la conscience ; ce livre où tous les hommes trouvent le même langage quand la passion ne les aveugle pas. » (1) Cette citation prouve que, pour la solution des difficultés présentées par nos articles, les juges doivent interroger leur conscience et les circonstances des faits beaucoup plus que le texte incomplet des lois. S'ils puisent leurs décisions à la source qu'on leur désigne, pourront-ils dire que la crainte n'a pas vicié le consentement d'un homme de bien quand il a vu un autre homme menacé et que « le cri de l'humanité » (2) a retenti dans son cœur ?

Nous ne nous refuserons pas à admettre l'amendement proposé par MM. Larombière et Marcadé : tandis que la violence exercée sur les personnes énumérées dans l'article 1113 produira, de plein droit, si elle est constatée, le même effet que si elle était dirigée contre la partie contractante; celle pratiquée à l'encontre d'autres personnes ne sera admise à vicier le contrat que sur des circonstances spéciales appréciées par le tribunal.

M. Demolombe cite à propos de notre article une application fort originale du principe qu'il renferme. Un père refuse de consentir à une donation qui devait être la condition du mariage de son fils. Le fils déclare qu'il va se suicider si la donation ne lui est pas faite. Sous le coup de cette menace, le père consent à la donation. Devra-t-on dire que sa volonté a été viciée par violence ? M. Demolombe laisse la question à l'appréciation des magistrats, et dit qu'elle devra être résolue en fait.

---

(1) Locré. T. 12, 2, 9, nᵒˢ 1 et 2.
(2) Rapport de M. Jaubert (de la Gironde) au Tribunat. 13 Pluviôse an XII.

# De la Crainte révérentielle.

On appelle crainte révérentielle, l'influence de respectueuse soumission produite sur les esprits au foyer domestique par l'autorité des chefs de la famille, ou en général sur les inférieurs par le rang et le pouvoir des supérieurs. On aurait pu soutenir qu'elle enlève leur libre-arbitre aux personnes, et toutes les conventions consenties par des subordonnés fussent devenues incertaines encore qu'elles eussent été légitimes et honnêtes. L'article 1114 a prévenu ce danger. « La seule crainte révérentielle, dit-il, envers le père, la mère ou autre ascendant, sans qu'il y ait eu de violence exercée, ne suffit point pour annuler le contrat. »

Cette disposition reproduite de Pothier est fort sage. Les actes juridiques faits sous l'inspiration des sentiments de déférence filiale ont droit au respect, et c'est consolider l'autorité sainte de la famille que de constater publiquement leur validité.

Nous appliquerons l'article 1114 aux enfants naturels reconnus comme aux enfants adoptifs : *eadem ratio, eadem lex ;* la crainte révérentielle existe dans leur esprit au même degré que chez les enfants légitimes naturels. On ne peut donc donner chez ceux-là, à cette influence, un effet d'annulation qu'elle ne produit pas chez ceux-ci.

Mais comme le dit expressément la loi, pour que la crainte révérentielle n'annule pas le contrat, pour qu'elle ne soit pas censée enlever à un individu sa liberté de détermination, il

faut qu'il ne vienne pas s'y ajouter la moindre crainte produite par des violences remplissant les conditions vues précédemment. « La seule crainte révérentielle... » dit l'article
1114. On verrait même ici une vraie violence annulatrice,
dans des faits qui, vis à vis d'un étranger, ne seraient pas
considérés comme mal considérable. Telles menaces incapables d'intimider une personne indifférente, tombant sur un
esprit déjà préparé à fléchir par la soumission domestique,
vicieront profondément sa volonté. Le caractère de la personne qui les profère leur communique un retentissement
plus profond et plus odieux. On a jugé qu'il y avait violence
de la part des parents, dans la menace de priver un descendant de la succession paternelle par des moyens détournés ;
dans la menace faite par une mère à sa fille de l'abandonner
aux douleurs de l'enfantement ; Bruxelles 22 août 1808. (1)

Devons-nous interpréter limitativement l'article 1114 et
décider par *a contrario* que pour toutes autres personnes que
les enfants la crainte révérentielle pourra faire annuler un
contrat ? Nous ne le pensons point. Pothier, à qui les rédacteurs du Code semblent avoir voulu se référer, dit : « la crainte
de déplaire à un père, à une mère ou *autres personnes à qui
on doit des égards*, n'est pas non plus une crainte qui rende
vicieux le contrat. » Si nous ajoutons que nos textes ne doivent pas être étudiés dans leur sens strict mais plutôt dans
l'esprit qu'ils révèlent comme nous l'avons observé plusieurs
fois, nous conclurons qu'on doit élargir l'application de l'arti

______

(1) Dalloz. Répert. Alph. n° 188. Obligat.

cle 1114. Ainsi la seule crainte révérentielle de la femme à l'encontre de son mari ne suffit pas pour vicier son consentement. Les Parlements de Dijon et d'Aix avaient consacré cette théorie dans notre ancienne jurisprudence. Le dernier avait notamment rejeté, dans son arrêt du 8 janvier 1782, une demande en rescision formée par une femme contre la vente de ses biens paraphernaux, sous le prétexte qu'elle avait cédé à l'autorité de son mari. Cette jurisprudence n'a pas été changée par le Code civil. Rien d'aussi légitime quand elle s'exerce dans les limites de la loi et de la morale que l'influence du mari sur la femme. Mais il faudra être inflexible pour les abus, et dès qu'à côté de la crainte révérentielle on verra l'ombre d'une pression, d'une atteinte à la liberté, l'influence légitime deviendra une tyrannie coupable, et la volonté devra être déliée.

Nous fournirons avec Pothier une solution identique pour le cas de crainte révérentielle du domestique envers son maître. C'est au demeurant une sorte de crainte qui tend à disparaître et dont les maîtres n'ont plus guère l'occasion d'abuser.

APPENDICE II.

# De la Force majeure.

Une mère sur le point de voir périr son enfant dans un incendie offre toute sa fortune à celui qui le sauvera ; un homme aux prises avec des assassins appelle au secours et jette des promesses inconsidérées aux passants qui accourent et le délivrent. L'enfant est sauvé ; l'homme assailli est tiré du guet-apens. Ceux à qui les promesses ont été faites, qui les ont acceptées au péril de leurs jours, pourront-ils réclamer cette fortune entière, cette somme énorme qu'on s'est engagé à leur donner ? ou bien seront-ils évincés par une action en nullité pour cause de crainte ayant vicié la volonté du promettant? Le consentement n'a pas été arraché par une violence, au sens de l'article 1109 ; il n'y a pas eu de voies de fait, de menaces exercées par une personne dans le but d'arracher ces engagements ruineux, puisqu'au contraire ils ont été proposés par celui-là même qui s'y est obligé. Mais la volition a été émise sous l'influence d'une force majeure, d'une force brutale qu'il était impossible d'éviter si on ne sacrifiait pas sa fortune. Devrons-nous déclarer viciée la volonté qui s'est déterminée dans des circonstances semblables? — Oui.

Il y a certainement un vice, puisque sans cette violence cet engagement excessif n'aurait pas eu lieu. Qu'importe que cette violence n'ait pas eu pour but l'extorsion du consentement! le texte de l'article 1109, est-il si formel, si impératif qu'il doive prévaloir contre l'esprit tout entier de notre section, esprit de protection pour la volonté viciée ? « Il n'y a pas jusqu'au droit des gens positif, c'est-à-dire le droit international le moins large, le moins généreux, le moins philosophique, qui ne reconnaisse l'iniquité des conventions arrachées sous l'influence de la terreur inséparable du danger par les personnes qui accourent au secours des vaisseaux en péril... » (1) S'il est vrai que le consentement n'a pas été extorqué par la violence d'un homme agissant dans

---

(1) Larombière. art. 1131 n° 13.

ce but, ne devons-nous pas reconnaître que la pression brutale des circonstances trouble aussi profondément le vouloir ?

Il serait cependant inique que pour protéger une personne on en lésât une autre, on enlevât au sauveur qui a exposé sa vie son droit à une rénumération en rapport avec le danger couru par lui. L'article 1382 lui permettra d'obtenir une indemnité proportionnelle aux risques auxquels il s'est livré. Il est accouru à l'appel de celui qu'il a sauvé ; il a accompli pour lui un acte de courage, une sorte de travail inestimable. Il se trouve que par le fait de celui qui avait proposé cette soudaine convention, elle est annulée. Le sauveur aura droit à des dommages intérêts, puisque le fait d'autrui le prive d'un légitime salaire.

La doctrine que nous venons d'exposer n'est point celle de tous les auteurs. Peu de sujets présentent autant d'opinions diverses. M. Demolombe admet la nullité de la convention pour cause de violence, mais Larombière, Marcadé, Duranton ne l'acceptent point.

Larombière, à l'exemple de Pothier, admet une réduction de la promesse immodérée. Mais c'est une opinion impossible depuis que l'article 1118 a déclaré que la lésion ne vicie les contrats que par exception formelle. Marcadé déclare qu'on devra considérer le promettant comme atteint d'une folie momentanée et annuler pour raison d'insanité d'esprit, puisque le juge devra appliquer les principes du quasi - contrat de gestion d'affaires et fixer une somme proportionnelle au service rendu. M. Colmet de Santerre a fait justice de cet échappatoire en remarquant que le gérant d'affaires ne peut jamais réclamer un salaire, mais seulement le remboursement des dépenses qu'il a faites. La doctrine que nous avons développée nous paraît donc seule acceptable.

APPENDICE. — L'article 1115 dit : « Un contrat ne peut plus être attaqué pour cause de violence si depuis que la violence a cessé, ce contrat a été approuvé, soit expressément, soit tacitement, soit en laissant passer le temps de la restitution fixé par la loi. »

Cet article qui serait mieux placé à propos de la ratification ou de l'action en nullité est applicable à l'erreur comme au dol, comme à la violence. On ne s'explique son intervention ici que par un emprunt fait à la légère au texte de Pothier, (n° 21), dont le Code reproduit les termes. Cette observation avait sa raison d'être dans Pothier d'après lequel la violence laissait subsister un véritable consentement, tandis que l'erreur le supprimait entièrement. Il était donc utile de spécifier que, malgré ces dissemblances de caractères, l'erreur et la violence avaient des règles identiques de ratification et de prescription. Ce motif n'existait plus pour le législateur de 1804, il n'aurait pas dû copier le traité des obligations et laisser de côté les quelques lignes dont il a fait l'article 1115.

QUATRIÈME PARTIE

—

# LÉGISLATION

## COMPARÉE

Nous avons examiné les codifications des principaux pays
du monde ; examen difficile et insuffisant, à cause des faibles
ressources dont nous avons disposé. Il résulte de nos recherches
que tous les peuples modernes d'Europe et d'Amérique ont
adopté la théorie des vices du consentement. Les uns la
tiennent de notre Code civil, les autres l'ont prise dans le
droit romain lui-même. Tous obéissent à peu près aux mêmes
règles. Il semble qu'on voit poindre dans leurs lois l'aurore
de cette universelle législation qu'appellent les penseurs.
C'est à peine si quelques divergences de détail font sentir
qu'on est en présence de codes différents.

Ainsi dans le Code Autrichien et dans le Code Bavarois, la
violence exercée par un tiers ne vicie pas le contrat, à moins
que celui qui en profite n'en ait connaissance. Nous savons
que notre article 1111 contient une disposition plus propice
à l'engagé.

L'ancien Code Prussien est au contraire plus large que
l'article 1110. D'après ses termes, le consentement est nul
toutes les fois qu'il y a eu erreur sur la personne avec
laquelle on avait intention de contracter ou sur la qualité
de cette personne. Notre Code civil exige que la considération de la personne ait été la cause principale de la convention·

La législation Norwégienne est encore plus favorable au
consentement. Il suffit de faire la preuve d'une erreur, d'un
dol ou d'une violence quelconques pour que le juge ait le
droit d'annuler le contrat s'il apprécie que la volonté a été
suffisamment viciée. « Les conventions sont régies par des
» principes logiques conformes à la nature des choses et à la

» volonté des contractants exprimée ou présumée, plutôt que
» par les règles positives des lois (1). »

En Angleterre, l'ignorance de la loi n'est pas en général une cause d'annulabilité des contrats. Cependant il en est quelquefois autrement en équité, c'est-à-dire que dans ce cas la Cour n'oblige pas les parties à exécuter le contrat.

Dans l'Amérique du Nord, nous retrouvons encore le système d'annulation des conventions pour cause de vices, appliqué d'après des principes uniformes par les lois diverses des états. Le Code de la Louisiane n'est qu'une paraphrase du Code civil. La plupart des républiques de l'Amérique du Sud pratiquent nos lois sur les obligations.

On pourrait faire cette remarque que le délai de l'action en nullité est en général très-variable et qu'il est généralement aussi d'une durée moindre que celle fixée par l'article 1304.

Quand nous entrons dans les législations asiatiques, nous constatons l'absence de dispositions sur les vices du consentement. Nous sortons du cercle de la civilisation moderne, en pénétrant dans la Turquie, dans la Perse, dans la Chine. Aussi voyons-nous beaucoup de lois religieuses ou civiles sur le mariage, sur les pouvoirs du mari, sur les pouvoirs du père, sur les successions ou les donations, sur la pratique de quelques contrats primitifs, mais ne voyons-nous rien sur la volonté et les influences qui la troublent. C'est, qu'ici, dort encore le moyen-âge oriental reposant sur l'inertie des races stationnaires, Seul un peuple se réveille, c'est le Japon, et il

_______

(1) Anthoine de St-Joseph. Concordance des lois étrangères avec le Code civil.

a demandé à nos jurisconsultes la lumière du Code civil.

Nous avons voulu nous enquérir spécialement de la législation de la Chine, le plus vaste empire du monde, et celu vers lequel tendent le plus les efforts de nos *Sociétés asiatiques* (1) à cause de ses richesses inexplorées. Nous avons trouvé la réponse à nos questions dans le livre d'un de nos amis, interprète-chancelier au consulat de France de Foutcheou : « le caractère matérialiste de la législation du » Céleste-Empire n'admet pas ces théories délicates sur la » formation des conventions empruntées par nous au Droit » romain. Rien qui se rapproche de nos articles sur les vices » du consentement, par exemple. Un contrat a-t-il été » signé sous l'influence d'une erreur ou d'un dol, sous la » pression d'une violence, il sera néanmoins valable. Mais » comme le veulent les idées de la Chine, l'auteur du dol ou » de la violence reçoit plus ou moins de coups. Le rotin est » toujours le grand régulateur (2). »

Ainsi la théorie des vices du consentement semble être aujourd'hui comme un signe distinctif de la civilisation en face de la barbarie. Cette œuvre de quelques jurisconsultes a, par la seule puissance de la raison, conquis plus de peuples que les Césars n'en soumirent jamais par leurs armes. Des continents entiers lui appartiennent, et le vieil Empire Romain ne serait qu'une parcelle de la surface qu'elle occupe.

---

(1) Telles que celles de Paris, de Lyon, de St-Etienne.

(2) Le Fleuve bleu, voyage dans la Chine occidentale, — par Gaston de Bezaure, interprète-chancelier. — Chapitre VIII. Législation. — Chez Plon, avril 1879.

# CONCLUSION

Du droit ancien barbare et implacable, à travers les édits prétoriens où s'infiltre l'équité, à travers les fragments multiples et les aphorismes rigides du Digeste, franchissant les coutumes féodales du moyen-âge, nous sommes arrivés aux règles humaines et harmoniques de notre Code civil.

Pendant que nous suivions terre à terre les textes, nous apercevions devant nous les idées qui marchaient, illuminant l'esprit des lois et le soulevant vers les hauteurs morales. La liberté de l'individu s'émancipait de l'autocratie domestique. La volonté se dégageait des liens des formules. La philosophie apprenait à respecter le libre-arbitre dans son émanation : le consentement pur et simple. Le respect commandait la protection.

Nous avons assisté à l'épanouissement d'une de ces théories qui sont le mieux faites pour satisfaire dans l'âme le goût du droit vrai et éternel, de celui qui n'est pas fondé sur des institutions politiques et des intérêts, de celui qui a pour base les principes de conscience et de charité. Proclamer dans la législation positive le néant du dol, le néant de la force ; rendre son indépendance à celui qui, trompé ou violenté, est emprisonné dans un contrat, c'est faire ce qu'accomplirait la morale elle-même si jamais elle devenait la souveraine du monde. La loi est vraiment digne d'un grand pays quand, fidèle à sa mission, elle protége l'homme sincère contre le fourbe, le faible contre le fort, l'opprimé contre l'oppresseur.

Un jour viendra où l'empire des conventions, étendu déjà par la civilisation moderne, se développera encore, et, selon la pensée d'un célèbre jurisconsulte Anglais (1), réduira le domaine du droit impératif à ce qui est nécessaire « pour assurer l'observation de quelques principes fondamentaux ou pour punir les violations de la bonne foi. »

L'économie politique nous fait entrevoir cet avenir comme prochain. Les textes « ne peuvent plus suivre l'activité humaine dans ses découvertes, dans ses inventions et dans ses manipulations des richesses accumulées. Le droit des nations même les moins avancées

---

(1) H. Summer Maine. Toute l'école anglaise est avec lui.—M. Alfred Gautier, à son cours. — M. Alfred Jourdan : *le Droit Français* (ouvrage couronné par l'Institut) « En matière de... contrats le principe doit être celui-ci : *laissez faire.* » 2⁰ partie. ch. 44. § 2. — Voir encore un ouvrage récent d'un auteur dont l'autorité est moindre que celle des noms cités plus haut : l'*Idée moderne du droit* par Alfred Fouillée, maître de conférences à l'École normale supérieure.

» tend de plus en plus à devenir une simple surface sous
» laquelle se meuvent des règles contractuelles toujours
» changeantes. »

Quand cette révolution juridique sera achevée, quand les lois impératives auront baissé, les lois que nous avons étudiées auront grandi, car leur croissance et leur progrès sont inséparables du triomphe de la volonté et de la liberté économique.

S'il nous était permis de finir par un vœu, nous le ferions en nous élevant de notre législation civile qui est celle de la patrie, à la législation internationale qui devrait être celle de l'humanité. Nous voudrions que les maximes inscrites dans nos articles 1109 à 1117, inscrites dans tant de Codes civils divers, fussent gravées dans le Code commun des puissances, et qu'on pût annuler, autrement qu'avec des revanches sanglantes, les consentements arrachés aux peuples par les machinations diplomatiques ou les violences des armées.

# POSITIONS

---

## DROIT ROMAIN

I. L'erreur de droit peut servir de fondement à la *condictio indebiti*.

II. L'erreur *in corpore* est la seule à laquelle on puisse reconnaître l'effet d'empêcher la translation de propriété dans la tradition.

III. L'exception de dol opposée à une action de droit strict n'a pas pour effet de la transformer en action de bonne foi.

IV. L'*arbitratus judicis* ne peut être exécuté par la force qu'exceptionnellement.

V. La *gens* n'est point une unité politique, mais la famille primitive romaine.

## CODE CIVIL

I. L'article 180 prévoit l'erreur sur la personne physique et l'erreur sur la personne civile ou les *qualités constitutives de la personnalité au point de vue du mariage.*

II. Le contrat d'adoption est annulable pour cause d'erreur sur la personne même après l'homologation de justice.

III. On ne peut au point de vue de l'article 2279 assimiler le dol au vol.

IV. Le Code civil ne comporte pas une distinction en actions en nullité et actions en rescision.

V. L'expiration du délai de l'article 1304 éteint l'action mais non l'exception.

VI. L'emphytéose ne constitue qu'un droit personnel.

## DROIT ADMINISTRATIF

I. L'abrogation de l'article 75 de la constitution de l'an VIII entraîne pour les tribunaux judiciaires le pouvoir d'apprécier la légalité d'un acte administratif.

II. Les grandes masses de forêts de l'Etat sont imprescriptibles.

III. Le Conseil d'État ne peut forcer une commune à accepter une disposition à titre gratuit.

IV. Le recours pour excès de pouvoir ou incompétence devant le Conseil d'État peut être porté directement devant ce conseil, même en présence d'une autre voie de recours.

V. Les actions en responsabilité contre l'État peuvent, selon les cas, être intentées devant un tribunal de l'ordre judiciaire.

## DROIT COMMERCIAL

I. Les Tribunaux civils sont absolument incompétents en matière commerciale.

II. La disposition de l'article 109 du Code de commerce sur la preuve testimoniale doit recevoir une application générale en droit commercial.

## DROIT CRIMINEL

I. L'erreur sur la personne de la victime n'exclut pas la préméditation de la part de l'agent.

II. L'ordre donné par un supérieur hiérarchique ne constitue pas à l'égard de l'agent une contrainte dans le sens de l'article 64 du Code Pénal, et ne peut être considéré comme une cause de justification.

III. Il en est de même pour la crainte révérentielle.


Vu : *le Doyen de la Faculté de Droit d'Aix,*
*Chevalier de la Légion-d'Honneur,*
**CARLES.**


Vu et permis d'imprimer :

*Le Recteur de l'Académie d'Aix ,*
*Chevalier de la Légion-d'Honneur ,*
**J. BOURGET.**

# TABLE DES MATIÈRES

 Pag.

## DeuxièmePartie.—Ancien droit français.



## Troisième Partie. — Code civil.



### Chapitre Premier. — Erreur.

**Chapitre Second. — Dol.**



**Chapitre Troisième. — Violence.**



## Quatrième Partie.—Législation comparée.

9 782019 983215